CARL FRIEDRICH VON SIEMENS STIFTUNG · THEMEN BD. 110

Ulrich Johannes Schneider
Andrew Carnegies Bibliotheken
Über Moderne und Öffentlichkeit

Herausgegeben von der Carl Friedrich von Siemens Stiftung

Redaktion: Fabian Brandt und Hannes Kerber

ULRICH JOHANNES SCHNEIDER

Andrew Carnegies Bibliotheken
Über Moderne und Öffentlichkeit

Carl Friedrich von Siemens Stiftung
München

Erweiterte Fassung eines Vortrags, gehalten am 2. Februar 2023 im
Wissenschaftlichen Programm der Carl Friedrich von Siemens Stiftung.

Inhalt

I. Die Geburt der Public Library ... 7
    Öffentliche Nutzung ... 12
    Carnegies Engagement ... 15

II. Bibliotheken in der Öffentlichkeit ... 21
    Strittige Bibliotheksvorhaben ... 24
    Stolz und Schmerz der Städte ... 31

III. Carnegies Bauförderung ... 37
    Wohltätigkeit als Geschäftsmodell ... 40
    Politik des Bibliotheksbaus ... 47
    Bibliothekstypen ... 56
    Kulturpaläste: große Bibliotheken ... 58
    Bildungsstätten: kleine Bibliotheken ... 62

IV. Carnegies Vermächtnis ... 69
    Bibliotheken als soziale Institutionen ... 74
    Bücherzirkulationen ... 80

V. Abbildungen ... 87

Danksagung ... 102

Weiterführende Literatur des Autors ... 103

»Themen«
Eine Publikationsreihe
der Carl Friedrich von Siemens Stiftung ... 104

I. Die Geburt der Public Library

Die Bibliotheksgeschichte kennt viele interessante Epochen und Regionen, darunter die Vereinigten Staaten von Amerika. Dort beschleunigte sich der Ausbau eines weitreichenden Netzes von Bibliotheken in den Jahrzehnten vor dem Ersten Weltkrieg enorm. Im Zuge dieses Prozesses etablierten sich Bibliotheken eines völlig neuen Typs. Das Modell der Public Library, zeitgleich entwickelt in England, wurde in den USA zu einer gesellschaftlichen Institution, die aus den Städten nicht mehr wegzudenken war. Interessant ist diese Epoche zudem aus einem weiteren Grund. Über öffentliche Bibliotheken wurde in den USA zu dieser Zeit intensiv diskutiert und gestritten. Sie waren – und sind bis heute – Teil der öffentlichen Debattenkultur des Landes.

Im Rückblick erkennen wir auch außerhalb der USA in den einhundert Jahren zwischen 1850 und 1950 ein rasches Wachstum und eine weltweite Verbreitung der Bibliotheken, parallel zum Industrialismus, der im Britischen Weltreich und in den wirtschaftlich aufstrebenden Vereinigten Staaten zuerst Realität wurde. Man darf dabei, wie der Historiker Jürgen Kocka jüngst in Erinnerung brachte, den Industrialismus nicht nur als ein wirtschaftliches Geschehen verstehen. Vielmehr muss man mehrere Aspekte dieses Phänomens zusammennehmen – darunter die Verstädterung und die Erfahrung des »rasanten, oft schwindelerregenden Wandels, der Beschleunigung der Zeit und der Schrumpfung des Raumes«.[1] Vor dem Hintergrund dieser Dynamik werden auch die Menschen begreif-

---

1 Jürgen Kocka: *Kampf um die Moderne. Das lange 19. Jahrhundert in Deutschland.* Stuttgart 2021, S. 39.

lich, die damals lebten und arbeiteten, und die Jahrzehnt um Jahrzehnt immer öfter die Gelegenheit wahrnahmen, in Bibliotheken zu gehen.

Mit Blick auf die Zeit vor dem Ersten Weltkrieg kann man konstatieren, dass für Bibliotheksnutzerinnen und -nutzer die Etablierung der Public Library eine nachhaltige kulturelle Veränderung und eine neue Bibliothekserfahrung darstellte. Bündigen Ausdruck fand sie in der Einladung, die seit 1895 über der Eingangstür der Boston Public Library steht: »Free to All«. Public Libraries unterschieden sich von ihren Vorgängerinnen, indem sie die Zugangsschwellen herabsetzten. Sie waren sowohl kostenlos als auch für alle zugänglich. Hingegen konnte man Theaterbühnen oder die Bilderschauen der vielerorts eingerichteten Panoramen, später die Filmtheater, nur zu Veranstaltungszeiten bzw. nach Entrichtung von Eintrittsgeld besuchen.

Es zählt zu den Charakteristika der Public Libraries und zugleich zu den Zeichen der besonderen Wertschätzung von Bibliotheken in den USA, dass deren Neubauten nicht in der Peripherie der Stadt, sondern meist an prominenter Stelle im Stadtzentrum platziert wurden. In Denver etwa war die Public Library – nach dem kuppelgekrönten Capitol-Gebäude für das Parlament von Colorado – der zweite Bau, der im dortigen Civic Center errichtet wurde. Lange stand sie einsam auf der dem Capitol gegenüberliegenden Seite des zentralen Platzes, bevor neben ihr ein mächtiges Verwaltungs- und Gerichtsgebäude, ebenfalls mit Kuppel, hinzukam.[2] Andere Beispiele aus dem Mittleren Westen sind Mount Vernon, Indiana, wo die Lage der

---

[2] Theodore Jones: *Carnegie Libraries Across America. A Public Legacy*. New York 1997, S. 44.

Bibliothek als »nahe an der Post und der Hauptstraße der Stadt« beschrieben wurde, oder Gallipolis, Ohio, wo man 1903 die Bibliothek »hinter einer Kirche und entfernt von Verkaufsgeschäften« platzierte.³

Bibliotheksgebäude wurden in den schnell wachsenden Städten der USA oft als bürgerliche Identifikationsangebote verstanden. Sie galten als Einrichtungen des Gemeinwesens im wörtlichen Sinn. In einem Bericht zur US-amerikanischen Bibliotheksentwicklung, verfasst von Alvin Johnson, heißt es 1915: »Wenn aber eine Bibliothek auf solider Grundlage ihren Betrieb aufgenommen hat, hört man kaum einmal, dass sie aus Sicht der Gemeinde nicht einen Wert schöpft, der die Unterhaltskosten aufwiegt. Der Verfasser hat keine Bibliothek gesehen, die, sobald sie einmal ihre Arbeit effektiv aufgenommen hat, in Verfall gerät, weil es ihr an öffentlicher Unterstützung mangelte.«⁴

Die Public Libraries in den USA tauchten fast wie aus dem Nichts auf; in den Industriestädten des Vereinigten Königreichs verhielt es sich ähnlich. In Kontinentaleuropa gab es zwar, auch und gerade in Städten, seit Jahrhunderten reich gefüllte Bibliotheken und private Büchersammlungen, die oft neben fürstlichen und kirchlichen Kollektionen bestanden, aber zunächst keine Entsprechung zu den Public Libraries. Diese waren einschneidende städtische

---

3 Kristen Schuster: *Libraries and Literacy. Andrew Carnegie's Philanthropy in the American Midwest*, in: Philanthropy and Education 2 (2019), S. 75–94, hier S. 82, 84 und 88.

4 Alvin S. Johnson: *A Report to Carnegie Corporation of New York on the Policy of Donations to Free Public Libraries*. New York (18. November 1915), S. 10: »But when a library has been established on a satisfactory footing, few voices ever rise to assert that it does not yield a value to the community equivalent to its cost of upkeep. The writer has never seen a library, once organized for effective work, that has fallen into decay for want of public support.«

Neugründungen und haben das jeweilige literarische und gesellschaftliche Leben in und mit ihren Räumlichkeiten verstärkt und verändert.

Der in New York lehrende Soziologe Eric Klinenberg hat unlängst die öffentlichen Bibliotheken seines Landes als Volkspaläste, als »palaces for the people«, bezeichnet. Er knüpft große Hoffnungen daran, dass Bibliotheken zum Wiedererwachen des bürgerlichen Gemeinschaftsgeistes beitragen werden, indem sie helfen, die auseinanderstrebenden Interessen der in Streit liegenden sozialen Gruppen zu versöhnen: »Bibliotheken repräsentieren und exemplifizieren etwas, das verteidigt werden muss: öffentliche Einrichtungen, die – selbst im Zeitalter der Vereinzelung und Ungleichheit – den Grundstein der bürgerlichen Gesellschaft bilden. Bibliotheken sind die Art Orte, an denen gewöhnliche Menschen mit unterschiedlicher Herkunft, unterschiedlichen Leidenschaften und Interessen an einer lebendigen demokratischen Kultur teilhaben können.«[5]

Aus europäischer Perspektive erscheint diese Emphase hochgegriffen und überladen. Tatsächlich jedoch spielen die öffentlichen Bibliotheken im US-amerikanischen Alltagsleben eine bedeutendere Rolle als im europäischen. Vielerorts sind sie noch heute Nachbarschaftszentren mit Dienstleistungen über das Medienangebot hinaus. Die Historikerin Susan Swetnam, die sich mit Bibliotheken in Kleinstädten im Mittleren Westen der USA beschäftigte, bemerkte 2012 zu diesen Bibliotheken, deren Gebäude

---

5 Eric Klinenberg: *Palaces for the People. How Social Infrastructure Can Help Fight Inequality, Polarization, and the Decline of Civic Life.* New York 2018, S. 219: »Libraries stand for and exemplify something that needs defending: the public institutions that – even in an age of atomization and inequality – serve as bedrocks of civil society. Libraries are the kinds of places where ordinary people with different backgrounds, passions, and interests can take part in a living democratic culture.«

zentral errcichbar waren: »Bibliotheken funktionierten als mächtige Symbole sowohl nach innen wie nach außen, ihre Gebäude bezeugten mit Stolz, ›wer man ist‹.«[6]

Der Nachdruck, mit dem in den USA öffentlich für – aber auch durchaus gegen – Bibliotheken argumentiert wurde, wirkt bis heute nach. Davon ist auch die Diskussionskultur der Bibliothekarinnen und Bibliothekare beeinflusst. Die Zeitschrift *Library Journal*, die seit 1876 ohne Unterbrechung erscheint, zeigte sich von Anfang an erheblich streitlustiger als bibliothekarische Periodika anderer Länder. Man darf nicht vergessen, dass die USA auf eine fast zweihundertjährige kontinuierliche Bibliotheksgeschichte zurückblicken können, während auf dem europäischen Kontinent und in den gleichfalls von den Folgen der Weltkriege stark geprägten Staaten Südostasiens politische Regimewechsel die Bibliothekskultur immer wieder veränderten.

Der folgende Essay nimmt die amerikanischen Bibliotheken in den Blick, weil mit dem Aufkommen der Public Libraries das Zeitalter begann, in dem wir heute leben: das Zeitalter der Benutzung, in dem diese als Hauptzweck der Bibliotheksarbeit in Theorie und Praxis ausgewiesen wird. In dieser Perspektive ist das globale Bibliothekswesen der Gegenwart ein Erbe des 19. Jahrhunderts. Zudem verraten die Besonderheiten der amerikanischen Bibliotheksentwicklung viel über die öffentliche Funktion und Bedeutung dieser Einrichtungen, gerade weil sie in großem Maße durch Mäzene privat unterstützt wurden. Der prominenteste unter ihnen ist Andrew Carnegie.

---

6 Susan H. Swetnam: *Books, Bluster, and Bounty. Local Politics and Carnegie Library Building Grants in the Intermountain West, 1890-1920.* Logan 2012, S. 227: »They were institutions that functioned as powerful symbols both internally and externally, buildings that stood as proud testimony to ›who we are‹.«

Öffentliche Nutzung

Öffentliche und wissenschaftliche Bibliotheken erfahren ihre gesellschaftliche Wertschätzung durch intensive Nutzung. Es überrascht deshalb nicht, dass sich die Anliegen der professionell arbeitenden Bibliothekarinnen und Bibliothekare weltweit ähneln. Bei ihnen hat sich das Selbstverständnis durchgesetzt, dass Bibliotheken Dienstleistungen anbieten. Ob in Angelegenheiten der Erwerbung, der Katalogisierung oder der Bereitstellung von Arbeitsplätzen und Bildungsangeboten – Bibliothekarinnen und Bibliothekare wissen, dass sie vornehmlich für ihre Nutzerinnen und Nutzer tätig sind.

Eben diese Orientierung an der Nutzung kennzeichnet die moderne Bibliothek, die mehr sein will als ein Büchermagazin. Das wurde auch in Europa gelegentlich explizit gemacht. So hat der Generaldirektor der Königlich-Preußischen Bibliothek zu Berlin, Adolf von Harnack, 1912 in einer Parlamentsdebatte, bei der es um den (lange verzögerten) Neubau seines Hauses ging, mit Nachdruck ausgerufen: »Ein Buch, das niemals gelesen wird, hat seinen Beruf verfehlt, und ein Buch, auch ein Bibliotheksbuch, das zerlesen wird, hat ein würdigeres Los gefunden als ein Buch, das ›in Schönheit‹ lebt, aber niemals gelesen wird.«[7] So wird es heute überall gesehen, wo Bibliotheken freien Zugang gewähren: Eine Bibliothek ohne Nutzung erfüllt ihre Aufgabe nicht vollständig. Sie wäre ein Medienarchiv.

Der Harnacksche Satz vom Gelesenwerden als dem eigentlichen Zweck des Buches gehörte in den USA schon

---

7 Adolf von Harnack: *Die Benutzung der Königlichen Bibliothek und die Deutsche Nationalbibliothek* (1912), in: *Aus der Friedens- und Kriegsarbeit.* Gießen 1916, S. 230.

weit vor 1900 zur allgemeinen Bibliotheksauffassung. 1878 sagte etwa Justin Winsor, der kurz zuvor von der Boston Public Library zur Bibliothek der Harvard University gewechselt war und zugleich die Funktion des Präsidenten der American Library Association innehatte: »Ich versuche mir immer vor Augen zu halten, dass der vornehmste Zweck eines Buches darin besteht, viel gelesen zu werden.«[8]

Heute können wir in dieser Aussage über die Lektüre im Industriezeitalter auch ein Anzeichen für das evidente Lesebedürfnis dieser Epoche ausmachen. Dies historisch aufzuklären, hat seine Schwierigkeiten. Zwar ist es in der Bibliothekswissenschaft durchaus üblich, Umfragen zu erheben oder Interviews auszuwerten. Dieses Instrument lässt sich retrospektiv jedoch nicht anwenden. Gerade für die frühe Phase der modernen Bibliotheken fehlen uns Daten, die den Besuch von Bibliotheken und deren konkrete Inanspruchnahme quantifizieren. Statistisch erhobene Zahlen existieren in der Breite erst für das 20. Jahrhundert und sind für das 19. Jahrhundert nur in Einzelfällen dokumentiert.[9] Man ist bibliothekshistorisch auf Zeugnisse anderer Art angewiesen. Um das rasche Bibliothekswachstum vor und nach 1900 zu verstehen und den Erfolg des freien Zugangs angemessen zu würdigen, können vorzugsweise die Neubauten herangezogen werden, deren schiere Anzahl – besonders in den USA, wo es allein durch Carnegie fast 2.000 neu gebaute Bibliotheken gab – erstaunt. Die

---

[8] Zitiert nach Kenneth J. Brough: *Scholar's Workshop. Evolving Conceptions of Library Services.* Chicago 1953 (Nachdruck: Boston 1972), S. 29: »I try never to forget that the prime purpose of a book is to be much read.«

[9] Bernard Berelson: *The Library's Public. A Report of the Public Library Inquiry.* New York 1949. Die nur auf die Public Library ausgerichtete Studie problematisiert mit Blick auf die meist statistisch erstellten und daher abstrakten Daten die vielfältigen Hindernisse, die der genaueren Erhebung entgegenstehen.

herausragende Stellung der amerikanischen Bibliotheken bis zum Ende des Ersten Weltkriegs verdankte sich gesetzlichen Regelungen zur Steuerfinanzierung, die administrativ einheitlich vollzogene Gründungen von kommunalen Bibliotheken ermöglichten. Zur betrieblichen Realisierung kam andererseits eine enorme Bautätigkeit hinzu: In den dreißig Jahren zwischen 1890 und 1920 wurden mehrere Tausend Bibliotheksgebäude – hauptsächlich in den USA, aber auch darüber hinaus – neu errichtet.

Dass die Bibliotheken sich zunehmend an der Funktion der Nutzung ausrichteten, dokumentieren diese Neubauten durch die Disposition ihrer Innenräume. Dort finden sich in der Regel eine Halle für die Buchausgabe (Abb. 1) und vor allem zentral positionierte Lesesäle. Der Einbau und die Aufwertung solcher Räume, die allein Leserinnen und Lesern dienen, kennzeichnet die modernen Bibliotheken von Anfang an. Tatsächlich erweist sich die Architektur der Gebäude als ein guter Indikator, wenn man die Epoche der vormodernen Bibliotheken von derjenigen der modernen Bibliotheken unterscheiden möchte: Vor 1850 wurde kein Bibliotheksgebäude mit größerem Lesesaal errichtet, nach 1850 keines ohne.[10] Der Umstand, dass moderne Bibliotheken größere Lesesäle besitzen, markiert auch deren Unterschied zu privaten Leihbibliotheken, die oft in unspezifischen Räumlichkeiten untergebracht waren und deren Zirkulationsgeschäfte die öffentlichen Bibliotheken mit der Zeit übernahmen.

---

10 Siehe Ulrich Johannes Schneider: *Die Geburt des Lesesaals*, in: Robert Felfe / Kirsten Wagner (Hg.): *Museum, Bibliothek, Stadtraum. Räumliche Wissensordnungen 1600–1900*. Berlin 2010, S. 153–171.

Carnegies Engagement

Die Geschichte der modernen US-amerikanischen Bibliotheken weist in der Phase der ersten Public Libraries etwas auf, das im Vergleich mit der kontinentaleuropäischen Entwicklung als eine Art Überschuss erscheint, nämlich den starken Einfluss privater Investitionen. Dass sich die amerikanische Geschichte der Public Library durch sehr viele, in kurzer Zeit errichtete Bibliotheksneubauten auszeichnet, liegt auch an der Förderung eines einzelnen Menschen: Andrew Carnegie (Abb. 2). Von den über 2.800 Bibliotheksbauten, die sich seiner Förderung verdanken, wurden gut zwei Drittel in den USA errichtet, die anderen in verschiedenen Teilen des Britischen Weltreiches.

Carnegies Aufstieg vom Haspeljungen in einer Baumwollfabrik über den Telegrammboten bis zum reichsten Mann der Welt, der sein gesamtes Vermögen in Stiftungen transformierte, ist gut dokumentiert; zahlreiche Biografien bezeugen die Faszination des Mannes und seines Wirkens.[11] Carnegies Engagement für Bibliotheken wurde bisher hauptsächlich für einzelne Regionen untersucht.[12] Ange-

---

[11] Vgl. u. a. Burton J. Hendrick: *The Life of Andrew Carnegie*. 2 Bände, New York 1932; Joseph Frazier Wall: *Andrew Carnegie*. New York 1970; George Swetnam: *Andrew Carnegie*. Boston 1980; David Nasaw: *Andrew Carnegie*. New York 2006.

[12] Vgl. u. a. für die USA grundlegend Abigail A. Van Slyck: *Free to All. Carnegie Libraries & American Culture 1890–1920*. Chicago 1995; für Kanada Margaret Beckman / Stephen Langmead / John Black: *The Best Gift. A Record of the Carnegie Libraries in Ontario*. Toronto 1984; außerdem Maxine K. Rochester: *American Philanthropy Abroad. Library Program Support from the Carnegie Corporation of New York, British Dominions and Colonies Fund in the 1920s and 1930s*, in: Libraries and Culture 31 (1996), S. 342–363; Brendan Grimes: *Irish Carnegie Libraries. A Catalogue and Architectural History*. Dublin 1998; Ralph A. Griffiths: *Free and Public. Andrew Carnegie and the Libraries of Wales*. Cardiff 2021; Oriel Prizeman / Mahdi Boughanmi / Camilla Pezzica: *Carnegie Libraries of Britain: Assets or Liabilities? Managing Altering Agendas of Energy Efficiency for Early 20th-Century Heritage*, in: Public Library Quarterly 41 (2022), S. 43–82.

sichts der weitreichenden Wirkung kann man jedoch fragen, was Carnegies Förderung für die bibliothekarische Infrastruktur bedeutete und wie man sein Engagement heute bewerten soll. Das berührt die grundsätzliche Frage, warum gerade öffentliche Bibliotheken privat gefördert wurden. Ist Carnegie als zum Amerikaner gewordener Schotte ein Außenseiter in der Geschichte moderner Bibliotheken? Hat er mit seiner Bibliotheksbauförderung die Entwicklung selbstlos vorangebracht oder hegte er eher Hoffnungen auf politischen Einfluss und die Vergrößerung des eigenen Nachruhms?

Carnegie starb 1919 mit 83 Jahren, seine Stiftungen lebten weiter und existieren zum Teil heute noch. Erste zusammenfassende Berichte über sein Wirken und Evaluationen seines Mäzenatentums gab es in den 1930er und 1940er Jahren. Aus ihnen ergibt sich, dass man bei der Betrachtung von Carnegies Bibliotheksförderung zwischen zwei Phasen zu unterscheiden hat.[13] Für die erste Phase, die sich von 1886 bis 1896 erstreckte, galt, dass Carnegie die Bibliotheksbauförderung selbst anstieß und gestaltete, indem er viel Geld in einige wenige Bibliotheken steckte. Nach 1896 wurde die Bibliotheksbauförderung im großen Stil fortgesetzt, aber sie erfolgte nun nicht mehr auf Carnegies persönliche Initiative, sondern über sein Büro und auf Grundlage eines Antragsverfahrens. Bis 1917 wurden entsprechende Anträge entgegengenommen.[14]

---

[13] Johnson: *Report*; George S. Bobinski: *Carnegie Libraries. Their History and Impact on American Public Library Development*. Chicago 1969.

[14] Carnegie selbst bezeichnete diese Phasen seiner Baupolitik als »en détail« und »en gros«. Siehe Hendrick: *Life of Carnegie*, Bd. 2, S. 205; Bobinski: *Carnegie Libraries*, S. 13.

In Carnegies Zeit gab es noch andere vermögende Personen, die in Bibliotheksbauten investierten, wie beispielsweise George Peabody (1795–1869). Als in Baltimore reich gewordener Finanzmakler gründete er dort ein Kulturzentrum, das neben einer Konzerthalle und einer Museumsgalerie auch eine Bibliothek umfasste. Deren Gebäude wurde von Edmund George Lind (1829–1909), einem 1855 aus England emigrierten Architekten, errichtet. Der Raumeindruck ist bestimmt von einer zentralen Halle mit Oberlicht sowie sechs umlaufenden und direkt anschließenden Bücheretagen. Die Magazinkapazität des 1878 eingeweihten Gebäudes betrug 500.000 Bände. Dabei handelte es sich um in Marmor und Eisen gebauten Optimismus, da der Anfangsbestand lediglich 40.000 Bände umfasste.[15]

Carnegies erster großer Bibliotheksbau (1890) findet sich in der Stadt jener Stahlwerke, die ihn reich gemacht hatten, Pittsburgh bzw. dem später dort eingemeindeten Nachbarort Allegheny. Wie schon bei der ersten überhaupt von Carnegie errichteten Bibliothek in Dunfermline (1881), seinem Heimatort in Schottland, handelte es sich um eine Zuwendung, die neben dem Bau auch Kosten für Bestand und Betrieb abdeckte. Die Bibliotheken in Pittsburgh (1890), Braddock (1895) und Homestead (1896) waren ebenfalls solche Einzelprojekte und gehörten noch nicht zum späteren systematischen Förderprogramm, das sich ausschließlich der Förderung von Bauten verschrieb. Der von William Halsey Wood (1855–1897) errichtete Bau in Allegheny (Abb. 3) wurde 1893 stilgetreu durch einen Turm und einen achteckigen Anbau ergänzt; zu öffent-

---

15 Philip R. Uhler: *The Peabody Institute*, in: *The Columbian Exposition and World's Fair Illustrated*. Chicago 1893, S. 201.

lichem Bad und Billardraum, die bereits Teil des ursprünglichen Konzepts waren, kamen ein Swimmingpool und ein Konzertsaal hinzu.[16]

Blicken wir vergleichend nach England, so sehen wir, dass man dort Bibliotheken zwar auch privat finanzierte, jedoch eher monofunktional plante. So besaß der Londoner Bibliotheksbau St. Georges in the East, ermöglicht durch die Finanzierung von John Passmore Edwards (1823–1911), keine außerbibliothekarischen Funktionen. Im Zentrum des von Maurice Bingham Adams (1849–1933) errichteten und 1941 durch deutsche Bomben zerstörten Gebäudes befand sich ein achteckiger Lesesaal mit neun Metern Durchmesser und Oberlicht. Edwards war Sozialreformer, Journalist und Zeitungsherausgeber; seine Spenden verhalfen insgesamt 24 Bibliotheken in Cornwall und London zu neuen Gebäuden.[17]

Wie Peabody und andere amerikanische Stifter diente Carnegie mit seinen frühen Großbauten der Memorialkultur. Er wählte für seine Förderprojekte Orte und Institutionen mit persönlichem Bezug. Mit Beginn der zweiten Phase 1896 beendete Carnegie allerdings diese Praxis, indem er für die folgenden zwei Jahrzehnte eine strukturierte Förderung auf Antragsbasis organisierte.

Carnegies Engagement für Bibliotheken hat bis heute keine Parallele, auch wenn beispielsweise die Bill & Melinda Gates Foundation bis 2017 ebenfalls zwei Jahrzehnte lang ein Bibliotheksförderprogramm unterhielt.[18] Vielleicht kann man die planmäßige Anlage von Carnegies Biblio-

---

16 Jones: *Carnegie Libraries*, S. 9.

17 http://thepassmoreedwardslegacy.org.uk/st-georges-in-the-east-public-library, zuletzt aufgerufen am 12. Januar 2024; vgl. auch John Passmore Edwards: *A Few Footprints*. London 1906, S. 51 und 95.

theksbauprogramm in Breite und Mächtigkeit mit den Arbeitsbeschaffungsmaßnahmen im Rahmen des *New Deal* der amerikanischen Regierung unter Präsident Franklin D. Roosevelt vergleichen. Zwischen 1933 und 1941 wurden etwa 400 Bibliotheksgebäude auf Staatskosten neu errichtet und etwa 1.500 modernisiert bzw. erweitert. Im Vergleich dazu schlagen schon allein die in den USA errichteten »Carnegie-Bibliotheken« mit knapp 2.000 Gebäuden in über 1.400 Gemeinden hoch zu Buche.[19] Carnegie investierte in Bibliotheken der Vereinigten Staaten und des Vereinigten Königreiches stärker nicht nur als jeder andere private Mäzen, sondern auch als alle öffentlichen Geldgeber seiner Zeit. Eine nach Ländern unterschiedene Liste der Anzahl der Bauten bis 1920 zeigt den Umfang von Carnegies Programm[20]:

USA	1.946
Großbritannien	660
Kanada	156
Neuseeland	23
Südafrika	13
Westindische Inseln	6
Australien	4
Sonstige	3
Gesamt	2.811

18 Die Gates Foundation förderte im Rahmen eines Schwerpunkts »Global Libraries« Bibliotheken mit ca. einer Milliarde US-Dollar. Gefördert wurden hauptsächlich Fortbildungsmaßnahmen und Projekte. Vgl. https://www.ala.org/pla/initiatives/legacy, zuletzt aufgerufen am 12. Januar 2024.

19 Florence Anderson: *Carnegie Corporation Library Program 1911–1961*. New York 1963, S. 4.

20 Griffiths: *Free and Public*, S. 16. Das sind die neuesten Zahlen, die immer noch auf Schätzungen beruhen. Ältere Angaben (Johnson: *Report* und Bobinski: *Carnegie Libraries*, S. 3) gehen von 1.749 Carnegie Libraries in den USA und von weltweit 2.509 Bibliotheken aus.

Was die Funktionalität der Bauten angeht, so machte Carnegie finanzielle Vorgaben, nahm aber auf die architektonisch-künstlerische Gestaltung keinen Einfluss, auch wenn er sich für die damit verbundenen Fragen interessierte.[21] Der für das Bibliotheksbauprogramm zuständige Privatsekretär James Bertram (1872–1934) hatte alle Hände voll zu tun, den Antragstellern Preisbewusstsein nahezubringen; er forderte praktische Gebäude mit »ökonomischer Anlage«.[22] In einem Brief nannte Bertram gelegentlich üppig gewünschte Bibliotheksbauten »weiße Elefanten« und schrieb in einem anderen, man wolle keine »griechischen Tempel« fördern: »Mr. Carnegie baut Arbeitsbibliotheken, keine heiligen Stätten.«[23]

Die eigentümliche Rolle Carnegies in der globalen Bibliotheksgeschichte gründet also nicht in Einzelprojekten, sondern in einer strukturellen Wirkung; er förderte, regional verteilt, Bibliotheksbetriebe durch Neubauten. Durch ihn wurden Bibliotheken in großer Zahl und in kurzer Zeit zu prominenten Gebäuden in der Mitte der US-amerikanischen Städte. Wenn wir heute die Bibliothek als »Ort« diskutieren,[24] setzen wir uns auch mit dem Vermächtnis Carnegies auseinander, eben diesen Ort in zahlreichen Gemeinden der englischsprachigen Welt geprägt zu haben.

---

21 Vgl. Frederick Lynch: *Personal Recollections of Andrew Carnegie*. New York 1920, S. 137. Lynch, der zuvor für die Church Peace Union gearbeitet hatte, berichtete, Carnegie habe mit ihm zusammen gerne die Architektenentwürfe studiert.

22 James Bertram: *Notes on the Erection of Library Bildings* (sic, Version 3, ca. 1915), zitiert nach Van Slyck: *Free to All*, S. 222 (»economical layout«).

23 Bobinski: *Carnegie Libraries*, S. 64: »white elephants«; Swetnam: *Books, Bluster, and Bounty*, S. 60: »Mr. Carnegie is bilding working libraries, not temples.«

24 John E. Buschman / Gloria J. Leckie (Hg.): *The Library as Place. History, Community, and Culture*. Westport 2007.

II. Bibliotheken in der Öffentlichkeit

Die Analyse von Carnegies Bauförderungen bildet nur einen Teil der Geschichte der modernen Bibliothek und ihrer kulturellen Bedeutung. Während es beispielsweise in den USA ab 1850 keine Frage mehr war, dass Bibliotheken auch Frauen und Kindern offenstehen sollten, war dieser Fortschritt an anderen Orten noch lange nicht erreicht. Dazu hier zwei Hinweise auf die globale Entwicklung: 1878 wurden im russischen Sankt Petersburg die »Bestuschewschen Kurse« eingerichtet, die sich exklusiv an weibliche Studierende technischer Fächer richteten und denen eine Bibliothek mit großem Lesesaal zugeordnet war.[25] In Korea wurde mit Ewha Haktang die erste für Frauen eingerichtete Schule im Jahr 1886 eröffnet.[26] Die Einrichtung wandelte sich zum Kolleg und dann zur inzwischen weltweit größten Universität für Frauen. In Europa wurde die Zulassung von Frauen als Bibliotheksnutzerinnen politisch erkämpft, beispielsweise durch Frauenbildungsvereine.[27] Allgemein gilt für die frühe Phase der öffentlichen Bibliotheken: Insbesondere für Kinder wurde häufig die Nutzung der Bibliotheken eingeschränkt. Wechselnde Regelungen –

---

25 Nach der Oktoberrevolution 1917 wurde die Einrichtung der Staatlichen Universität Sankt Petersburg angegliedert; vgl. https://de.wikipedia.org/wiki/Bestuschew-Kurse, zuletzt aufgerufen am 12. Januar 2024.

26 Vgl. Heather A. Willoughby (Hg.): *Footsteps Across the Frontier. 120 Years of Globalization at Ewha Womans University*. Seoul 2007.

27 Untersuchungen in vergleichender historischer Perspektive liegen nicht vor. Zu den aktuell verwendeten Methoden einer gendergerechten Analyse von Bibliotheken vgl. Astrid Biele Mefebue: *Umgang mit sozialer Diversität in der Bibliotheksarbeit – eine empirische Untersuchung*, in: Kristin Futterlieb / Judith Probstmeyer (Hg.): *Diversity Management und interkulturelle Arbeit in Bibliotheken*. Berlin 2016, S. 43– 74; vgl. auch Simone Fühles-Ubach: *Die Bibliothek und ihre Nutzer*, in: Konrad Umlauf / Stefan Gradmann (Hg.): *Handbuch Bibliothek. Geschichte, Aufgaben, Perspektiven*. Stuttgart 2012, S. 226–245.

etwa zur Bestimmung von Altersgrenzen – machten den Zugang nicht immer leicht.[28]

Dass in den USA Frauen und Kinder schon früh freien Zugang erhielten, zeigt, dass Bibliotheken sich im 19. Jahrhundert in die Gesellschaft hinein öffnen konnten. Andere Bevölkerungsgruppen – insbesondere die Schwarzamerikaner – blieben in den USA allerdings bis ins 20. Jahrhundert hinein benachteiligt. Das bezeugt der schwarzamerikanische Intellektuelle W. E. B. Du Bois, der auch in Deutschland studiert und publiziert hatte. Du Bois stellte 1906 im *Archiv für Sozialwissenschaft und Sozialpolitik* fest: »Zu den meisten Bibliotheken, Vorlesungen, Konzerten und Museen haben die Farbigen entweder gar keinen Zutritt oder nur zu Bedingungen, die das Selbstwertgefühl der Klassen, mit deren Besuch zu rechnen wäre, besonders verletzen müssen.«[29]

Soziale Restriktionen beim Bibliotheksbesuch gab es selbstverständlich auch in anderen Ländern. Der Protest von Du Bois gegen Regelungen, die ihm etwa in Atlanta, Georgia, verboten, jene Public Library zu betreten, in der seine Werke zur Ausleihe bereitstanden, findet eine Parallele in den Klagen des Dresdener Romanistikprofessors Victor Klemperer, dem in der Nazizeit wegen seiner jüdischen Abstammung der Bibliotheksbesuch untersagt wurde.[30] Regelungen zur Benutzung der Bibliotheken

---

28 Vgl. Harriet G. Long: *Public Library Service to Children. Foundation and Development*. Metuchen 1969.

29 W. E. B. Du Bois: *Die Negerfrage in den Vereinigten Staaten*, in: Archiv für Sozialwissenschaften und Sozialpolitik 22 (1906), S. 31–79, S. 71.

30 Klemperer notierte sich die entscheidenden Daten in seinen Tagebucheinträgen vom 5. Juli 1936 (Aufforderung zur Rückgabe entliehener Bücher an die Institutsbibliothek), 9. November 1936 (Verbot der Nutzung des Lesesaals), 3. Dezember 1938 (Gesamtverbot der Bibliothek). Vgl. *Tagebücher 1933–1945*. 8 Bände, Berlin 1999, Bd. 3, S. 110 und 141; Bd. 4, S. 115 und 170.

schließen – zu gewissen Zeiten, an gewissen Orten – Verbote mit ein und bestätigen eben dadurch, dass die moderne Bibliothek als Teil der Kultur des öffentlichen Lebens angesehen werden muss.

Es gibt nicht nur empirische Schwierigkeiten, Bibliotheken in ihrer Nutzung historiografisch zu beschreiben und sie aus den Aktivitäten ihrer Leserschaft zu erklären. Eine weitere Schwierigkeit liegt im tradierten Desinteresse der Bibliotheksgeschichtsschreibung an den dienstleistenden Funktionen moderner Bibliotheken. Gegen diese Unaufmerksamkeit hat zuletzt der amerikanische Bibliothekshistoriker Wayne Wiegand in seinem Buch *Part of Our Lives* angeschrieben. Wiegand verbindet seine Kritik mit der grundsätzlichen Einsicht, dass die Bibliotheken in den USA besonders eng mit dem gesellschaftlichen Wandel verbunden waren: »Indem sich Nachbarschaften mit Blick auf Herkunft und Rasse (*ethnic and racial profile*) veränderten, wurde die Public Library oftmals zu einem Ort, an dem sich Neuankömmlinge assimilierten. Zwischen 1893 und 1917 kamen sieben Millionen Einwanderer aus Süd- und Osteuropa. Viele tauchten kurz darauf in den Public Libraries auf.«[31] Zugleich erkennt Wiegand an, dass Belege zu Besucherströmen schwer zu beschaffen sind. Wiegand spricht diesbezüglich von der Benutzung als dem »blinden Fleck« der Bibliotheksgeschichte, also dem, was man in aller Offensichtlichkeit übersieht. Gleichwohl besteht die Realität der Bibliotheken für Wiegand in sozialen und poli-

---

31 Wayne A. Wiegand: *Part of our Lives. A Peoples History of the American Public Library*. Oxford 2015, S. 97: »As neighborhoods changed ethnic and racial profile, the public library [...] often became a place where newcomers assimilated. Between 1893 and 1917 7 million immigrants arrived from southern and eastern Europe. Shortly thereafter, many showed up at public libraries.«

tischen Effekten der Gemeinschaftsbildung: »Was die Public Libraries mehr als anderthalb Jahrhunderte zur Verfügung stellten – Informationen, Lesestoff und Räumlichkeiten – half dabei, unterschiedliche Gruppen zu Gemeinschaften zu verschmelzen (seien es große oder kleine, reale oder imaginierte) und Millionen Menschen ein Gefühl der Zugehörigkeit zu vermitteln.«[32]

Wiegands Einlassung gehört zur aktuellen Diskussion über die Rolle der Public Library in den USA. Diese Diskussion begann schon früh und war zu Zeiten der Förderung von Bibliotheksbauten durch Andrew Carnegie sehr lebendig. Die USA sind nicht allein das Land, in dem um die Wende vom 19. zum 20. Jahrhundert Bibliotheken im großen Stil errichtet wurden, es finden sich dort auch die ersten Diskussionen über ihre Funktionen sowie ihre Vor- und Nachteile. Im Folgenden soll versucht werden zu zeigen, wie schon früh über Bibliotheken in Versammlungen, Stadtratssitzungen und – nicht zuletzt – in der lokalen Presse gestritten wurde. Als Projekte und in der Praxis werden moderne Bibliotheken öffentlich als soziale Einrichtungen wahrgenommen.

Strittige Bibliotheksvorhaben

Traditionelle Quellen der Bibliotheksgeschichte sind Akten, Verordnungen und Bestandsübersichten. Bisher kaum ausgewertet – und durch die jetzt fortgeschrittene

---

[32] Wayne A. Wiegand: *Tunnel Vision and Blind Spots*, in: The Library Quarterly 85 (2015), S. 362: »For more than a century and a half the information, reading, and places that public libraries provided helped fuse diverse groups into communities (large and small, imagined and real) and gave millions of individuals a sense of belonging.«

Retrodigitalisierung erheblich leichter zugänglich – sind Quellen wie Beiträge in Zeitungen und öffentliche Verlautbarungen in Amtsblättern. Besonders in den nach dem Bürgerkrieg (1861–1865) schnell wachsenden Kommunen der Vereinigten Staaten waren Bibliotheksneubauten Thema der städtischen Debatte und damit auch der örtlichen Presse. Unter den städtischen Selbstverpflichtungen hatte meist die Finanzierung von Polizei und Feuerwehr, Schulen und Krankenhäusern Priorität. Wie man beispielsweise der Diskussion im Stadtrat von Pensacola, Florida, entnehmen kann, kam selbst danach die Bibliothek noch nicht an die Reihe. Die örtliche Zeitung hatte sich für ein neu zu bauendes Gebäude eingesetzt und konnte nach der verlorenen Abstimmung über das Vorhaben am 13. Juli 1911 nur konstatieren: »Wir haben gekämpft und verloren. Wir wissen aber, es ging um eine gute Sache.«[33]

In der amerikanischen Presse wurde die Auseinandersetzung über Bibliotheken zu einem Teil des Diskurses über die städtische Infrastruktur. Man stritt in Zeitungen darüber, wie sich die Gemeinde entwickeln sollte und welche Maßnahmen nötig wären, um diese Entwicklung voranzutreiben. Im Jahr 1903 hatte man in Beaumont, Texas, mit dem Verweis auf die fehlende Finanzierung für den Bibliotheksbetrieb den entsprechenden Antrag im Stadtrat beerdigt. Der Sekretär der Beaumont Chamber of Commerce, David Woodhead, der den Antrag unterstützt hatte, stellte aber die Vermutung an, dass noch ein anderer Grund eine

---

33 Donald G. Davis, Jr. / Ronald C. Stone, Jr.: *Poverty of Mind and Lack of Municipal Spirit. Rejection of Carnegie Public Library Building Grants by Seven Southern Communities*, in: Robert Sidney Martin (Hg.): *Carnegie Denied. Communities Rejecting Carnegie Library Construction Grants 1898–1925*. Westport 1993, S. 137–174, hier S. 143; Zitat aus: *Pensacola News*, 13. Juli 1911.

Rolle spielte. Ältere Damen der Abstinenzbewegung wollten ihr verschuldetes Vereinsgebäude zur Bibliothek umwidmen lassen und planten, dafür das Geld eines Sponsors zu verwenden. Woodhead vermutet, die Stadt habe mehrheitlich vor allem gegen diese Gruppe votiert und Argumente ignoriert, die für den Bibliotheksneubau sprächen.[34]

Auch die Stadtväter von Neosho, Missouri, verknüpften ihre Ablehnung mit finanziellen Überlegungen: Durch den Kauf der Wasserwerke und notwendige Reparaturen am Rohrnetz sei die Steuerlast stark gestiegen. Sobald die dafür aufgenommenen Kredite getilgt seien, also in wenigen Jahren, heißt es im Juli 1909 in der lokalen Presse, könne man wieder über eine Bibliothek reden. Auch in Caruthersville, einer anderen Stadt in Missouri, konnte man die finanziellen Ressourcen nicht aufbringen, um eine Bibliothek längerfristig zu tragen, und lehnte darum das Bauvorhaben ab.[35]

Heute weiß man von wenigstens 225 US-amerikanischen Städten, die in den beiden Jahrzehnten um 1900 die Einführung einer Bibliothek erwogen, dann aber das Vorhaben nicht oder erst später realisierten.[36] Das sind zugleich 225 Orte, an denen die Bibliothek zum Thema in der Öffentlichkeit wurde.

Die Frage der Bibliotheken wurde von der Stadtöffentlichkeit nicht als Bildungsangelegenheit diskutiert. Einerseits wollte man Bibliotheken, um Kinder und Jugendliche von der Straße zu holen. Andererseits sollten die Baumaß-

---

34 Ebd., S. 144.
35 Robert Sidney Martin / Abbe P. Diffendal / Loren Nelson Horton / Randy Roberts: *Mistaken Pride, Unseasonable Rush. Rejected Carnegie Grants in Missouri, Iowa and Nebraska*, in: Martin: *Carnegie Denied*, S. 105–136, hier S. 109.
36 Bobinski: *Carnegie Libraries*, S. 115–142.

nahmen bestimmte Viertel sozial aufwerten und die Grundstückspreise der umliegenden Wohngegend steigern. Beide Argumentationsstrategien – die des sozialen Friedens und die der Wertsteigerung von Immobilien – finden sich in Anträgen, die bei den Stadtoberen eingingen, um die Finanzierung von Bibliotheksbauten zu begründen. Die Errichtung einer Bibliothek in der Stadtmitte oder von Stadtteilbibliotheken in den Randbezirken galt als Investition mit langfristigen Wirkungen.

Ein Beispiel aus der Stadt Columbia, Tennessee, im Jahr 1906: Während die Gegner des Bibliotheksvorhabens auf die große Steuerlast verwiesen, plädierten andere für aktive Wohltätigkeit. In einem Leserbrief im *Daily Herald* heißt es: »Der gütige Zeitgeist hat für die Erziehung der Arbeitersöhne und -töchter einen Plan gefasst, so dass sie die gleichen Chancen haben wie die Kinder der Reichen. Und wer besäße ein so steinernes Herz, dass er das für die Erziehung der Kinder unserer Gemeinschaft vorgesehene Steuergeld zurücknehmen wollte?«[37] Es sei schließlich nur wenig Geld für die Bibliothek nötig, schloss der Schreiber. Der *Daily Herald* befürwortete den Bibliotheksantrag, berichtete allerdings später nicht über die Gründe seiner Ablehnung. In Elizabethtown, Kentucky, gab es im gleichen Jahr einen ähnlichen Misserfolg. Die *Elizabethtown News* druckte am 30. Januar 1906 folgende Befürwortung:

---

[37] Donald G. Davis, Jr. / Ronald C. Stone, Jr.: *Poverty of Mind and Lack of Municipal Spirit. Rejection of Carnegie Public Library Building Grants by Seven Southern Communities*, in: Martin: *Carnegie Denied*, S. 137–174, hier S. 152: »The gracious spirit of the times devised a plan for the education of the sons and daughters of toil whereby they might have an equal chance with the children of the rich, and who is with soul so dead that would take back the money for himself that he pays out in taxes for education of the children of the community?« Zitat aus: *Daily Herald*, 11. Januar 1906.

»Würde die Bibliothek erbaut werden und eine Mutter fragte, wo ihr Sohn heute Abend sei, und die Antwort wäre, in der Bibliothek, dann könnte sie Gott dankbar sein, dass er dort ist, wo ihm nichts Böses geschieht.«[38]

Dass diese und andere Ablehnungen von Bibliotheksgründungen inzwischen gut dokumentiert sind[39], hat auch damit zu tun, dass es sich um Ausnahmen von der Regel handelte, denn in den meisten Fällen nahm man Carnegies Geld gerne an. Die entsprechenden Zeugnisse zeigen, dass sich die Einwände nicht auf finanzielle Erwägungen im engeren Sinne beschränkten. In einigen Ablehnungsfällen gab es nämlich auch konkreten Widerstand gegen private Geldgeber. Nicht nur Befürworter und Bedenkenträger standen einander gegenüber, sondern auch diejenigen, die ein Geschenk akzeptieren wollten, und diejenigen, die dies verweigerten.

Es gibt beispielsweise den Fall, über den 1901 der *New Castle Herald* berichtete. New Castle, das 80 Kilometer von der Industriestadt Pittsburgh entfernt liegt, diskutierte heftig über den Plan, eine Bibliothek zu errichten, obwohl andere Städte in Pennsylvania ähnliche Vorhaben bereits erfolgreich umgesetzt hatten. Die Ablehnung des Neubaus hatte in New Castle besondere Gründe, wie das Trades Assembly Press Committee ausführte, dessen Stellungnahme die Zeitung am 15. Februar, drei Tage vor der Abstimmung über die Bibliothek, abdruckte: Dort hieß es, man dürfe – besonders wenn es Kindern zugutekommen

---

[38] Ebd., S. 156; Zitat aus *Elizabethtown News*, 30. Januar 1906: »Were this library built and the fond mother would say ›Where is my boy tonight?‹ and the response should be, ›He is at the Library,‹ she could thank God that its where no harm would come to him.«

[39] Martin: *Carnegie Denied.*

solle – kein Geld von außen annehmen, weil der Geldgeber ein Industrieller sei, der seinen Profit auch Kinderarbeit verdanke. In den USA, führte das Komitee aus, seien 1,375 Millionen Kinder in Fabriken beschäftigt, die meisten davon im eigenen Bundesstaat: »Wir können nicht vergessen, dass dieser großen Armee von Kindern das Recht verwehrt wird, öffentliche Schulen zu besuchen, und Ihr bittet um unsere Hilfe, um ihnen eine Bibliothek geben!«[40] Gegen diese Stellungnahme positionierte sich wiederum das lokale Press Committee of the Library Association, das im *New Castle Herald* mit Anzeigen dafür warb, dem Bibliotheksantrag zuzustimmen. Am Ende blieb der Antrag ohne Erfolg. Vermutlich stach das Argument der Gegner, denn tatsächlich war in Pennsylvania die Kinderarbeit ein Problem. Sie wurde erst 1909 per Gesetz auf 10 Stunden täglich bzw. 58 in der Woche begrenzt. Eine Kontrolle dieser Vorgabe war jedoch kaum möglich, auch weil das Alter der Kinder nach den Angaben der Eltern bestimmt wurde, die von deren Einkommen abhängig waren.[41]

Die industrielle Produktivität der USA war in den Staaten Neuenglands konzentriert, und von dort stammte auch das meiste private Geld, das für Bibliotheksbauten bereitgestellt wurde. Immer wieder gab es aber für entsprechende Angebote von Industriellen Gegenwind; meist traf das Andrew Carnegie. In Guthrie Center, Iowa, etwa, wo sein Angebot für die Förderung eines Bibliotheksneubaus abgelehnt wurde, berichtete die Zeitung *The Guthrian* am

---

40 Pamela Spence Richards: *Aborted Library Projects in Pennsylvania. Community Reactions to Library Offers in Carnegie's Native State*, in: Martin: *Carnegie Denied*, S. 11–34, hier S. 27: »We cannot forget that this vast army of children are denied the right to attend the public schools, and you ask that we help to get them a library.«
41 Ebd., S. 14.

5. April 1906: »Das schmutzige Geld des Stahlmagnaten Carnegie wurde von unseren Bürgern mehrheitlich abgelehnt, weil sie darin eine moralische Gefahr für unsere Stadt sehen. Sie wollen dieses Geschenk nicht.«[42]

Noch stärker war die Opposition gegen Carnegie in Oelwein, ebenfalls in Iowa. Hier war es ein Gewerkschafter, der daran erinnerte, dass 1892 in Carnegies Stahlwerk in Homestead einige streikende Arbeiter von angeheuerten Sicherheitskräften erschossen worden waren. Das lag zwar bereits mehr als zehn Jahre zurück, aber am 7. Januar 1903 druckte das *Oelwein Register* im Zusammenhang mit der Bibliotheksdiskussion einen Leserbrief, in dem jemand bekannte, dass er »als Gewerkschafter nicht dafür stimmen werde, Geld von jemandem anzunehmen, der ein Feind der organisierten Arbeiterschaft war und Streikende niederschießen ließ.« Gewerkschaftsvertreter versuchten, den Ton der Debatte zu mildern und betonten, sie seien nicht prinzipiell gegen eine öffentliche Bibliothek, vielmehr sähen sie darin »etwas Gutes für die Menschen«.[43] Die Befürworter hatten dennoch keinen Erfolg.

Allerdings konnte die Diskussion auch anders ausgehen. Obwohl in Prosser, Washington, ein Zeitungsherausgeber erklärte, man solle sich schämen, das Geld des Stahlkönigs anzunehmen, und in Wallace, Idaho, ein anonymer »Bergarbeiter« verlauten ließ, man wolle Carnegies Geld grundsätzlich nicht, setzten sich solche Stimmen in beiden Orten nicht durch. Carnegies Bibliotheken wurden gebaut.[44]

---

[42] Martin u. a.: *Mistaken Pride*, S. 118. Zitat aus: *The Guthrian*, 5. April 1906.

[43] Ebd., S. 120: »As a union man I will not vote to accept a gift from a man who has been an enemy of organised labor, and who employed Pinkerton men to shoot down men in the Homestead, Pensylvania strike some years ago.«

[44] Swetnam: *Books, Bluster, and Bounty*, S. 56.

Der öffentlich ausgetragene Streit um Bibliotheken bezeugt zweifellos deren stadtpolitische, soziale und moralische Relevanz. Auslöser der Debatten waren stets die Anträge, einen Public Libraries Act zu ratifizieren, um lokale Steuern erheben zu können. Der Bibliotheksdiskurs bringt also in den USA von Anfang an politische und nur selten kulturelle Argumente. Vom Lesen und von der Buchkultur ist kaum die Rede.

Stolz und Schmerz der Städte

Bei den Kosten einer Bibliothek muss man grundsätzlich zwischen Baukosten und Unterhaltskosten unterscheiden. In den städtischen Diskussionen spielte immer beides eine Rolle, die kurzfristige Belastung durch den Bau und die längerfristige Belastung durch Personalkosten, Erwerbungsbudget und Betriebsausgaben.

Ähnlich wie in den USA wurde auch in Großbritannien die Diskrepanz der Kosten für den Bau und der Kosten für den Betrieb vorgebracht, und auch hier entzündete sich der Protest gegen Bibliotheksneubauten an den Offerten von Andrew Carnegie. In der Zeitschrift *Library World* richtete sich der Furor des Herausgebers, des Londoner Bibliothekars und Publizisten James Duff Brown, gegen seinen schottischen Landsmann Carnegie. 1902 griff Brown ihn direkt an und schlug vor, Carnegie möge ein zentrales Bibliografisches Institut in London fördern, statt verstreute kommunale Bibliotheken zu bauen. Der Tenor lautete: Man solle die Bibliothekarinnen und Bibliothekare machen lassen und sich nicht in Gesten der Dankbarkeit für die Spendierlaune eines amerikanischen Großindustriellen verlieren.

Browns Vorschlag drang beim Geldgeber ebenso wenig durch wie der Carnegie 1904 vorgelegte Plan, die Geschäftsstelle der britischen Library Association dauerhaft zu finanzieren. Erst als 1913 der Carnegie United Kingdom Trust gegründet wurde und Andrew Carnegie sich aus der Allokation von Spenden gänzlich zurückzog, kehrte – nach Meinung der *Library World* – Vernunft in die Bibliotheksförderung zurück.[45] Nach Carnegies Tod 1919 wurden von seinen Stiftungen zwar weiterhin Bibliotheken unterstützt, aber nunmehr wurden vor allem Infrastrukturmaßnahmen und Fortbildungen bewilligt; nur ausnahmsweise gab es drei Bibliotheksneubauten für kriegszerstörte Gebäude in Löwen, Reims und Belgrad.[46]

Anders als in den USA konnten die Kritiker des Bibliotheksmäzenatentums im Vereinigten Königreich keinen Bibliotheksbau verhindern oder verzögern, auch wenn einzelne Vorhaben in den Ortschaften Bath, Devizes, Dover, St. Maylebone, Matlock, Paddington und Woking scheiterten.[47] Auch für Irland sind 13 Bibliotheksprojekte dokumentiert, die nicht realisiert wurden.[48] Die englische Kritik am Bibliotheksneubau gab dem Diskurs insofern einen neuen Akzent, als sie vor allem die professionelle bibliothekarische Sicht zum Ausdruck brachte. Die britische Library Association beauftragte 1913 William George Stewart Adams, ein Gutachten zu den 366 bis dahin durch

---

45 James G. Olle: *Andrew Carnegie. The Unloved Benefactor*, in: The Library World 70 (1969), S. 255–262.

46 Nadine Akhund-Lange: *The Work of the Carnegie Endowment in Europe After World War One. The Libraries of Belgrade, Leuven, and Reims (1919–1928). A Comparative Approach*, in: Military Historical Review 2 (2015), S. 114–131.

47 Olle: *Andrew Carnegie*, S. 257.

48 Grimes: *Irish Carnegie Libraries*, S. 23.

Carnegie geförderten Bibliotheksbauten in England, Wales, Schottland und Irland zu verfassen. In dem im Oktober 1914 vorgelegten Gutachten des Politikwissenschaftlers heißt es: »Die Hauptkritik betrifft Zuweisungen an Institutionen, die nicht willens oder nicht in der Lage waren, eine Bibliothek in der von Carnegie geforderten Höhe zu tragen. Man könnte das Ergebnis so zusammenfassen: *over-building*, ein Übermaß an Baumaßnahmen.«[49]

Das Stichwort des »overbuilding« nimmt der Bibliothekar der Manchester Public Library, Louis Stanley Jast, im Dezember 1915 auf und versucht dabei, die Kritik nicht wie einen gezielten Vorwurf an Carnegie aussehen zu lassen: »Man sollte sich in Erinnerung rufen, dass der Fehler des *over-building* nicht durch die Subventionen Carnegies verursacht wurde; das geschah schon zuvor. Die Subventionen Carnegies haben in vielen Fällen lediglich die Tendenz verstärkt, die Gebäude gegenüber Büchern und Dienstleistungen ungebührlich aufzuwerten.«[50]

Carnegie wurde sowohl im Vereinigten Königreich wie auch in den USA verschiedentlich als »unbeliebter Gönner« wahrgenommen, weil er zwar hohe Kosten übernahm, dies jedoch nur einmalig und nur für den Bau.[51] Man rechnete nach, dass immer da, wo die Bevölkerung unter 20.000 lag, die Bibliotheken finanziell einen schweren Stand hatten; erst recht galt: »Wo die Bevölkerung weniger als

---

49 Olle: *Andrew Carnegie*, S. 258: »The chief criticism concerns grants made to centres which have been unwilling or unable to support a library on the scale which Mr. Carnegie provided. It may be summed up in the word ›overbuilding‹.«

50 Ebd.: »It is of course, important to remember that the error of over-building is not due to the Carnegie grants; it existed before. The Carnegie grants have merely, in many cases, increased the tendency to emphasize buildings unduly over books and services.«

51 Bobinski: *Carnegie Libraries*, S. 115–142.

10.000 zählte, war ihre Stellung oft genug, im wahrsten Sinne des Wortes, hoffnungslos«. Zusammengefasst hieß das: »Wie auch immer man die Zahlen für Einnahmen und Ausgaben der einzelnen Städte ansieht, sie stehen in starkem Kontrast zu den Summen, die Carnegie für die Gebäude bereitstellte.«[52]

In Großbritannien besserte sich die kommunale Finanzsituation erst nach 1919 durch die landesweite Aufhebung der Deckelung der Steuerrate und die gesetzlich neu eingeräumte Möglichkeit, übergeordnete regionale Verwaltungsbezirke – *counties* – in die Finanzierung von Bibliotheken einsteigen zu lassen.[53]

Die Kosten für den Betrieb der Public Libraries waren sowohl im Vereinigten Königreich wie in den Vereinigten Staaten ausschlaggebend dafür, dass die kommunale Bibliotheksentwicklung strategisch angelegt werden musste. Es galt, vor allem in großen Städten, den Bibliotheksbedarf in allen Stadtvierteln zu adressieren. Überall dort, wo die Reichweite einer einzelnen Bibliothek nicht ausreichte, um die Bevölkerung gleichmäßig zu bedienen, ging man dazu über, Stadtteilbibliotheken (*branch libraries*) zu gründen, die kleiner, kostengünstiger und für ihre jeweiligen Nutzerinnen und Nutzer leichter erreichbar waren als die Zentralbibliotheken in den Stadtzentren.

---

52 Ebd., S. 260: »Reference to the full tables of the Report shows that, where the population was below 20,000, the library was usually in a precarious state, and that where the population was below 10,000, its position was often, in the precise sense of the term, hopeless. At that level, there was seldom enough money to provide even a token bookstock. […] Whichever way the income and expenditure figures of the individual authorities are viewed, they make a sorry contrast with the sums provided by Carnegie for the library buildings. It is not uncommon to find that the cost of the building was equivalent to at least 20 years' income from the penny rate.«
53 Olle: *Andrew Carnegie*, S. 261.

In den USA verfügten große Städte wie New York City und Los Angeles über ausreichende Mittel, um ihre Zentralbibliotheken in eigener Regie zu errichten. In New York geschah dies 1911, sechzehn Jahre nach dem Neubau der Boston Public Library und vierzehn Jahre nach dem ebenfalls monumentalen Bau der Library of Congress in Washington, D.C. Das mächtige Gebäude an der Fifth Avenue in Manhattan, das im Keller mit hauseigenen Generatoren zur unabhängigen Stromerzeugung ausgestattet war, wurde sowohl durch öffentliche als auch durch private Gelder finanziert. Eine ähnliche Konstruktion ermöglichte die Finanzierung der Bestandszusammenführung der drei New Yorker Bibliotheken Astor, Lenox und Tilden im neuen Gebäude.[54]

Carnegie förderte nach 1900 Bibliotheksbauten auch in New York, aber sein Geld folgte hier wie in anderen Metropolen der neuen Priorisierung lokaler Versorgung. Es floss daher nicht in den Prachtbau der Zentralbibliothek, sondern in die zahlreich geplanten Stadtteilbibliotheken. Carnegie stellte für diesen Zweck die enorme Summe von 5,2 Millionen Dollar bereit.[55] Schon zuvor hatte Carnegie Stadtteilbibliotheken in Pittsburgh gefördert, wobei er die Stadtoberen in einem Brief intensiv bearbeitete: »Wir haben festgestellt, dass in Pittsburgh die Stadtteilbibliotheken die bestbesuchten Institutionen überhaupt und daher, meiner Meinung nach, auch die nützlichsten sind. Eine große Zentralbibliothek ist freilich nötig, aber mit Blick auf die Zweckmäßigkeit ziehe ich die Stadtteilbibliotheken vor,

---

54 Phyllis Dain: *The New York Public Library. A History of its Founding and Early Years*. New York 2000.

55 Theodore Wesley Koch: *A Book of Carnegie Libraries*. New York 1917, S. 19–33; Jones: *Carnegie Libraries*, S. 45.

weil sie die Masse der Leute erreichen.«[56] Carnegie bot deshalb an, in Pittsburgh den Bau von 30 Zweigstellen zu fördern, von denen schließlich acht gebaut wurden. In Denver und Detroit waren es ebenfalls acht, sieben in San Francisco, jeweils sechs in St. Louis und Los Angeles, immerhin 25 in Philadelphia und stolze 66 in New York City.[57] Diese Entwicklung ging weiter, und heute besitzen alle großen amerikanischen Städte umfangreiche Netzwerke von Stadtteilbibliotheken. In Los Angeles sind es inzwischen 70, und auch hier, wie in New York City, hat Carnegies Förderung bewirkt, dass viele Stadtteilbibliotheken erheblich früher als die Zentralbibliothek errichtet wurden.[58]

Heute gehören Stadtteilbibliotheken wie selbstverständlich zum Bibliotheksangebot größerer Städte. Diese Logik der Distribution findet sich jedoch im Bibliotheksdiskurs so gut wie nicht reflektiert und wird nicht programmatisch als Weiterentwicklung konzipiert. Wie der nüchterne Bibliothekshistoriker William Murison 1955 feststellte, wurden entsprechende Forderungen bibliotheksseitig nie öffentlich erhoben.[59] Es waren laut Murison weniger infrastrukturelle als vielmehr moralische Erwägungen, die aus den Kreisen der Bibliothekarinnen und Bibliothekare für die Errichtung und Verteilung von Bibliotheken vorgebracht wurden. Man kann sie auch als sozialhygieni-

---

56 Bobinski: *Carnegie Libraries*, S. 14: »We find in Pittsburgh that the branch libraries are the most popular institution of all, and I think, the most useful. A Great Central Library is, of course, needed, but even before it in usefulness, I place the local libraries, which reach the masses of the people.«

57 Ebd., S. 71–73 (Table 10).

58 Vgl. Kenneth Breisch: *The Los Angeles Central Library. Building an American Icon, 1872–1933*. Los Angeles 2016.

59 William J. Murison: *The Public Library. Its Origins, Purpose, and Significance as a Social Institution*. London 1955, S. 51–56 und 73.

sche Argumente bezeichnen, denn es wurde reklamiert, dass Bibliotheken anderen Aufenthaltsorten wie Kneipen oder Trinkhallen Konkurrenz machen sollten, dass von den Bibliotheken jene kreative Energie junger Menschen eingefangen und veredelt werden müsse, die sonst durch Ablenkung und Drogenkonsum sinnlos verpuffen würde.

III. Carnegies Bauförderung

Um spezifische Gründe zu finden, eine durch Lektüre gewonnene Bildung zu propagieren, kann man programmatische Äußerungen Andrew Carnegies heranziehen. Carnegie steuerte nämlich auch Aussagen über die Zweckbestimmung von Bibliotheken bei, die in der zeitgenössischen Diskussion über moderne, auf Nutzung ausgerichtete Bibliotheken sonst nur schwer zu finden sind.

Andrew Carnegie war ein gebildeter Man, der sein literarisches Wissen durch nachgeholte Lektüre selbst erworben hatte. Die Schule besuchte er nur bis zum zwölften Lebensjahr und belegte später einen einzigen Weiterbildungskurs in Buchführung. Dennoch erwarb er sich eine enorme Allgemeinbildung. Der große Umfang seiner späteren Literaturkenntnis zeigt sich in seinen Schriften und Reden: Hier sticht er im Vergleich zu anderen meist wenig belesenen Millionären seiner Zeit deutlich heraus. Es wurde schon die Ironie bemerkt, dass reiche Männer in den USA für die Unterstützung von Kunst und Literatur berühmt wurden, obwohl sie selbst dafür kein oder wenig Interesse hatten. Das galt etwa für J. P. Morgan und Collis P. Huntington, Cornelius Vanderbilt oder Leland Stanford.[60]

---

60 Stewart H. Holbrook: *The Age of the Moguls.* New York 1953, S. 363.

Die Ausnahme bildete Andrew Carnegie, der als 33-Jähriger, nach ersten wirtschaftlichen Erfolgen, ein *Memorandum* an sich selbst verfasste und darin gelobte, sich der Weiterbildung und gründlicher Lektüre zu widmen: »Die Nachmittage möchte ich damit verbringen, meine Bildung zu festigen und systematisch zu lesen.«[61]

Für Carnegies eigene Lektürepraxis gab es dabei einen biografischen Anstoß: Als Jugendlicher gewährte sein Arbeitgeber James Anderson ihm Zutritt zu seiner Bibliothek. Damals begriff Carnegie, wie er später in verschiedenen Reden schilderte, dass man durch Lektüre immer und überall einen Zugang zur Welt finden, Wissen vielfältiger Art aufnehmen und unterschiedliche Kenntnisse in Beziehung setzen kann.

Dem »Bibliothekseröffner« Anderson fühlte sich Carnegie zeitlebens verpflichtet. In Allegheny widmete er ihm eine Statue, die als »Labor Reading«, »The Statue of Labor« oder »The Laborer« betitelt wurde. Das Werk des Bildhauers Daniel Chester French ist eines der wenigen Monumente dieser Art: ein Arbeiter in ein Buch vertieft (Abb. 4 und Umschlagabbildung).[62] French, der später für das Lincoln Memorial in Washington, D.C., berühmt wurde, gestaltete auch das neben der Skulptur des lesenden Arbeiters platzierte Monument für Anderson.[63] In seiner Autobiografie, die 1920, ein Jahr nach seinem Tod, im Druck erschien, setzte Carnegie seinem Förderer selbst ein Denkmal. Er schrieb: »Denn wenn in jedem Bibliotheksbezirk ein Junge, durch den Zugang zu einer dieser Bibliotheken, nur halb

---

61 Hendrick: *Life of Carnegie*, Bd. 1, S. 146–147: »I wish to spend the afternoons in securing instruction, and in reading systematically.«

62 Jones: *Carnegie Libraries*, S. 11f.

63 Henry Brownfield Scott: *Official Souvenir Program of the Exercises Attending the Unveiling of the Monument Erected to the Memory of Col. James Anderson.* Allegheny (15. Juni 1904), S. 6 und 12.

so viel gefördert würde wie ich durch den Zugang zu den 400 zerlesenen Bände von Oberst Anderson, dann wären sie aus meiner Sicht nicht vergebens gegründet.«[64]

Das initiale Bibliothekserlebnis des schottischen Immigranten »Andy« sollte in diesem autobiografischen Rückblick vermutlich die umfangreiche Bibliotheksförderung des amerikanischen Millionärs Carnegie rechtfertigen. Es gibt aber ein weiteres Zeugnis für den Bibliothekswillen Carnegies: Er hatte mit 18 Jahren einen anonymen Leserbrief an den *Pittsburgh Dispatch* geschickt und darauf aufmerksam gemacht, dass Arbeiterjungs, *working boys*, wie er selbst nur über ihre Arbeitgeber Zugang zu Bibliotheken erhalten könnten. Ein solcher Zugang sollte aber, so Carnegie weiter, frei für alle gewährt werden.[65]

Aus dieser Jugendepisode wurde später eine Art Glaubensbekenntnis, das etwa an der mit Carnegies Unterstützung errichteten St. Louis Public Library verewigt worden ist. Die Inschrift neben der Eingangstür zitiert ihn folgendermaßen: »Ich habe mich für freie Bibliotheken entschieden als den besten Einrichtungen für die Verbesserung der Masse der Menschen, weil sie nur denen helfen, die sich selber helfen. Sie machen niemals arm. Die Vorliebe für Lektüre vertreibt alle niederen Vorlieben. Andrew Carnegie.«[66]

---

64 Andrew Carnegie: *Geschichte meines Lebens. Vom schottischen Webersohn zum amerikanischen Industriellen 1835–1919*. Zürich 1992, S. 98; John C. Van Dyke (Hg.): *Autobiography by Andrew Carnegie*. Boston / New York 1920, S. 47: »For if one boy in each library district, by having access to one of these libraries, is half as much benefited as I was by having access to Colonel Anderson's four hundred well-worn volumes, I shall consider they have not been established in vain.«

65 Hendrick: *Life of Carnegie*, Bd. 1, S. 68–70.

66 Margaret Barclay Wilson (Hg.): *A Carnegie-Anthology*. New York 1915, S. 29: »I choose free libraries as the best agencies for improving the masses of the people because they only help those who help themselves. They never pauperize. A taste for reading drives out lower tastes. Andrew Carnegie.«

Es gibt andere Indizien dafür, dass der Bibliotheksbauförderung Carnegies das Motiv der Bildung durch Selbstbildung zugrunde lag.[67] Ein Zeitzeuge berichtete von einem Spaziergang im New Yorker Central Park, bei dem Carnegie die Lesefreuden der eigenen Jugend mit der Bibliotheksförderung verband: »Beim Bauen von Bibliotheken dachte ich stets daran, dass es in jeder Stadt eine offene Tür geben sollte, durch die ein aufgeweckter und ehrgeiziger Junge seinen Weg hinaus in die Welt finden könnte.«[68] Den Bibliotheksdiskurs des 19. Jahrhunderts bereichern solche Aussagen, weil sie neben den sozialhygienischen Argumenten der städtischen Diskussionen ein Konzept der Bildung ansprechen, das mit gesellschaftlichem Aufstieg und Erfolg verbunden ist. Man muss allerdings einräumen, dass es unentschieden bleibt, ob das 1896 aufgelegte Bauförderprogramm Carnegies vornehmlich auf solche Absichten zurückführbar ist.

Wohltätigkeit als Geschäftsmodell

Carnegie war nicht der einzige amerikanische Geschäftsmann, der klein angefangen und innerhalb weniger Jahrzehnte ein großes Vermögen erwirtschaftet hatte. Sein Biograf Hendrick verweist auf die Rebecca Street in Pittsburgh, wo die Einwandererfamilie Carnegie eine Zeitlang wohnte. Dort begannen auch andere spätere Millionäre ihre Karrie-

---

67 Richard L. Bushman: *The Romance of Andrew Carnegie*, in: Midcontinent American Studies Journal 6 (1965), S. 30–40.

68 Lynch: *Personal Recollections*, S. 141: »One thing I always had in mind in building libraries was that there might be in every town an open door through which the bright and ambitious boy could find his way out into the world.«

ren – wie Robert Pitcairn, Vizepräsident der Pennsylvania Railroad, David McCargo, ebenfalls Eisenbahnbesitzer, oder Henry W. Oliver, Eigentümer von Ölfeldern.[69] Manche dieser Neureichen wirkten in ihrem späteren Leben im großen Stil als Mäzene. Carnegie äußerte sich anerkennend über Millionäre wie Peter Cooper aus New York, Enoch Pratt aus Baltimore, Charles Pratt aus Brooklyn, sowie Leland Stanford aus Kalifornien, und bezeichnete sie als vorbildliche Stifter in den Bereichen Bildung, Kunst und Erziehung.[70] Er selbst rechnete sich allerdings nicht zu dieser Gruppe. Weil und insofern er nie bloß wohltätig sein wollte, ging es ihm darum, sich von ihr abzugrenzen. Er verachtete Almosen. In unterschiedlichen Reden bekannte er: »Philanthrop – das ist gewöhnlich ein Mensch mit mehr Geld als Verstand«.[71]

Möglich sind deshalb zwei Beschreibungen von Carnegies Gruppenzugehörigkeit: einmal als Unternehmer, der dank einer minimalen Besteuerung und aufgrund einer kaum regulierten Industrieproduktion historisch zu den »Raubrittermagnaten«, den *robber barons*, zu rechnen ist, an deren Bewertung sich die Geister schieden und bis heute scheiden;[72] zum anderen als Mäzen, der wie viele andere sein Geld über Stiftungen in verschiedene Bereiche der

---

69 Hendrick: *Life of Carnegie*, Bd. 1, S. 54. Die Rebecca Street heißt heute Reedsdale Street, das Haus der Carnegies steht nicht mehr. Vgl. Herbert Newton Casson: *The Romance of Steel. The Story of a Thousand Millionaires*. New York 1907, S. 267: »Pittsburgh has about one hundred shirt-sleeve millionaires and a very few silk-hat ones.«

70 Andrew Carnegie: *Die Pflichten des Reichtums* [zuerst Englisch 1889]. 2. Aufl., Stuttgart 1917, S. 20.

71 Andrew Carnegie: *Kapital und Arbeit. Die Probleme unserer Zeit*. Leipzig 1911, S. 43; vgl. A. Carnegie: *Problems of Today*. New Yoerk 1908, S. 38: »a philantropist [...] generally means a man with more money than sense«.

72 Vgl. Matthew Josephson: *The Robber Barons. The Great American Capitalists 1861–1901*. New York 1962.

Gesellschaft investierte, selbst wenn man anerkennen muss, dass Quantität und Qualität seiner Investitionen unvergleichlich hoch waren.

Was Carnegies Fördertätigkeit die dauernde Aufmerksamkeit der Zeitgenossen sicherte und nicht wenige Karikaturisten anregte, war die Art und Weise, wie er sein Geld ausgab: planmäßig, rasch und indifferent. In seinem privaten *Memorandum* von 1868 hatte er sich selbst ermahnt, nicht dem Diktat der Vermögensvermehrung zu verfallen, sondern jedes Jahr den wirtschaftlichen Mehrerlös wohltätig zu verteilen: »Benühe dich nicht um Vermögensvermehrung, sondern spende den Gewinn jährlich für wohltätige Zwecke.«[73] Zwanzig Jahre später verallgemeinerte Carnegie in seinem wohl wirkmächtigsten Aufsatz – einem Text, der 1901 unter dem Titel *Die Pflichten des Reichtums* auch auf Deutsch erschien – diese Maxime: »Der Millionär wird nur ein gewissenhafter Schatzwalter für die Armen sein, für eine Zeitlang betraut mit einem großen Theil des vermehrten Reichthums des Gemeinwesens.«[74]

Dazu passt, dass Carnegie oft behauptet haben soll, nicht Bibliotheken gegründet, sondern andere dazu angehalten zu haben: »Man soll sich meiner nicht erinnern, sagte er einmal, für das, was ich gegeben habe, sondern für das, was andere Leute auf meinen Nachdruck hin gegeben haben.«[75] In diesem Sinne hatte Carnegie seine Spenden für Bibliotheksgebäude auch als »Bestechungsgelder« (*bribes*)

---

[73] Andrew Carnegie: *Memorandum of 1868*, in: Hendricks: *Life of Carnegie*, Bd. 1, S. 146–147: »Make no effort to increase fortune, but spend the surplus each year for benovelent [sic] purposes.«

[74] Carnegie: *Die Pflichten des Reichtums*, S. 20.

[75] Hendrick: *Life of Carnegie*, Bd. 2, S. 203: »›I do not wish to be remembered,‹ he once said, ›for what I have given, but for that which I have persuaded others to give.‹«

bezeichnet und sich durchgehend verweigert, wenn er um Spenden für Bücher oder Betriebskosten angegangen wurde. Schon früh notierte er auf seinen Reisen durch England, dass gestiftete Büchersammlungen keine Eigendynamik entfalteten und einer Bibliothek nicht automatisch ein öffentliches Interesse sicherten.[76]

Auch die Tatsache, dass Carnegie die Memorialkultur seiner Zeitgenossen nur widerstrebend mitmachte, fügt sich in das Bild. Statt den eigenen Namen auf die von ihm geförderten Gebäude zu setzen, wünschte er sich an den Eingängen die einfache Aufschrift, die er auf dem Exlibris für seine private Büchersammlung verwendete: *Let there be light*, »Es werde Licht«. Diesem Wunsch wurde einige Male, keineswegs aber immer entsprochen. »Carnegie« kommt als Namensbestandteil von Bibliotheken in den USA heute 141 Mal vor[77], das sind ca. zehn Prozent der von ihm finanzierten Gebäude. In solchen Fällen war es nicht Carnegie selbst, sondern es waren die Bewilligungsempfänger, welche die Namensnennung wünschten und durchsetzten. Bekanntlich trägt auch die Carnegie Hall in New York nur deshalb seinen Namen, weil die Betreiber der Konzerthalle es wollten und den vom Geldgeber selbst vorgeschlagenen Namen »New York Music Hall« nicht für zugkräftig hielten.[78] Bis heute tragen von den knapp 17.000 Public Libra-

---

[76] Andrew Carnegie: *An American Four-in-Hand in Britain*. London 1883, S. 159: »An endowed library is just like an endowed church, at best half and generally wholly asleep. It is a great mistake to withdraw from such an institution the healthy breeze of public criticism.«

[77] https://librarytechnology.org/libraries/, zuletzt abgefragt am 12. Januar 2024. 7.984 Bibliotheken haben »County« im Namen. 5.717 haben »branch« im Namen und »Carnegie« kommt im Namen von weltweit 176 Bibliotheken weltweit vor, in den USA 141 Mal.

[78] Hendrick: *Life of Carnegie*, Bd. 2, S. 201.

ries in den USA mehr als 1.200 den Ausdruck »Memorial« im Namen und sind also mit dem Eigennamen einer Person verknüpft, der fast immer der eines Geldgebers ist.

Carnegie gab sein Geld tatsächlich nicht so aus wie diejenigen, die Namenspatrone der durch sie ermöglichten Institutionen wurden und auch in der Welt der Bibliotheken Spuren hinterlassen haben. James Conant, Präsident der Harvard University, fasste diesen Umstand 1935 anlässlich der Hundertjahrfeier von Andrew Carnegies Geburtstag treffend zusammen: »Andrew Carnegie wich vom ausgetretenen Pfad ab, sowohl was den Erwerb seines Reichtums angeht, wie auch, was erheblich bedeutsamer ist, dessen Verausgabung.«[79] Biograf Hendrick hob drei Jahre zuvor einen ähnlichen Aspekt hervor: »Ein riesiges liquides Kapital, das ohne Auflagen und dauerhaft in die Hände der Treuhänder gelegt wurde, um öffentlich verteilt zu werden, war zuvor gänzlich unbekannt.«[80] Wenn Carnegie ab 1896 auf Antrag förderte, wurde durch das von seinem Büro betreute Bewilligungsverfahren die Bibliotheksbauförderung eine Angelegenheit von Bittschreiben, Unterlagen, Prüfungen und Überweisungen.[81] Für dieses Verfahren formulierte Carnegie eine Reihe von Kriterien. Er bestimmte, dass die Größe der Fördersumme aus der Einwohnerzahl zu errechnen sei. Außerdem verfügte er die festgelegte Rela-

---

79 James B. Conant: *Andrew Carnegie, Patron of Learning*, in: Science 82 (1935), S. 599–603, hier S. 599: »Andrew Carnegie departed from the beaten track both in accumulating his wealth and, what is vastly more important, in disposing of it.«

80 Hendrick: *Life of Carnegie*, Bd. 2, S. 353f.: »Carnegie did more than provide money for a multitude of works. He created a new agency in American life. Endowments for specific purposes were not new, but a huge liquid capital, with no strings attached, placed in perpetuity in the hands of trustees for public distribution, was something previously unknown.«

81 Vgl. die Seite der Columbia University Library: https://library.columbia.edu/libraries/rbml/units/carnegie/about.html, zuletzt aufgerufen am 12. Januar 2024.

tion von 10 zu 1 für das Verhältnis der von ihm übernommenen Bausumme zu dem von der Kommune zu tragenden jährlichen Unterhalt für Personal und Bestandsaufbau. Schließlich machte er zur Bedingung, dass ein Baugrundstück kostenlos zur Verfügung gestellt und der Bau durch die Repräsentanten der Stadt ausdrücklich als erwünscht bezeichnet wurde. Bauförderbewilligungen waren stets an Stadtregierende adressiert, nicht an Bibliothekskommissionen oder andere Interessenvertreter.

So wie Carnegies Stahlwerke effizient errichtet und nach strenger Ökonomie betrieben worden waren, so war auch das Verfahren der Bewilligung für Bibliotheksbauten auf Effizienz getrimmt und ökonomisch durchdacht. Carnegie verhalf den Kommunen zu Bibliotheken in Form eines, wie man heute sagen könnte, Private-Public-Partnership. Vielen erschien das als Marotte. Der irische Schriftsteller Finley Peter Dunne war nicht der einzige, der ein satirisches Portrait Carnegies entwarf und 1906 bemerkte, man könne den steinreichen Mann um vieles bitten, man würde ohne Unterschied und immerzu nur Bibliotheken erhalten.[82]

Carnegies Privatsekretär James Bertram betreute die Förderanträge von zwei Kontinenten aus, weil er mit Carnegie halbjährlich in New York und in Schottland residierte, wo Schloss Skibo zu Carnegies europäischem Wohnsitz umgebaut worden war.[83] Was die Effektivität der Kommunikation in den zahlreichen Korrespondenzen anging, waren Carnegie und Bertram sich einig. Bertrams ungeho-

---

82 Finley Peter Dunne: *The Carnegie Libraries*, in: The Wisconsin Magazine of History 59 (1976), S. 210.
83 Hendrick: *Life of Carnegie*, Bd. 2, S. 205.

belte Art war legendär und lässt sich durch einige paternalistische Zurechtweisungen seiner Briefpartner belegen. So mahnte Bertram 1905 einen Antragsteller aus West Virginia: »Wenn ich Ihre zugesandten Fotos durchschaue, sehe ich Teppiche, Polstersessel, einen Empfangsraum usw., was alles eher an ein Privathaus denn an eine freie öffentliche Bibliothek erinnert. In einer geschäftigen Stadtbibliothek sollte man doch eher Bänke und Tische erwarten und weniger Teppiche und Lehnstühle.«[84] Carnegie und Bertram teilten außerdem den Hang zu einer sparsamen Rechtschreibung. So fiel etwa bei »bilding« (Gebäude) das übliche »u« weg, weil es nicht gesprochen wird. Ebenso verhielt es sich mit dem »w« in »anser« (Antwort). Auch »promis« (Versprechen) wurde ökonomischer geschrieben und kam ohne »e« aus. Carnegie hat diese Aufräumarbeiten in der Rechtschreibung bald auf ein Minimum beschränkt und auch Vereine zur Rechtschreibreform nicht unterstützt; Bertram aber irritierte bei der Beantwortung von täglich bis zu 400 Antragsschreiben nicht nur durch den manchmal harschen Ton, sondern auch durch die ungewöhnliche Rechtschreibung.

Unter den Stiftungen Carnegies ist das Bibliotheksbauprogramm – wiewohl prominent und öffentlich viel diskutiert – nicht das größte. Carnegies Geld floss reichlich auch in andere Kanäle. Nach dem Verkauf seiner Stahlwerke 1901 gründete er sukzessive mehrere Stiftungen, um das Gesamtvermögen von etwa 350 Millionen Dollar produk-

---

84 Bobinski: *Carnegie Libraries*, S. 68: »Glancing over the photographs you have sent, the carpets, easy chairs, reception room, etc., give one more the idea of a private house than a Free Public Library. In a busy city library one would expect more benches and tables and fewer carpets and arm chairs.« (Brief vom 6. Dezember 1905 an Parkersburg, West Virginia.)

tiv auszugeben. Ein unvollständiger Überblick muss genügen: 1895 gründete er das Carnegie Institute of Pittsburgh, 1902 die Carnegie Institution of Washington (seit 2007: for Science), 1905 die Carnegie Foundation for the Advancement of Teaching, 1910 das Carnegie Endowment for International Peace. 1911 wurde das gesamte restliche Vermögen im Wert von 125 Millionen Dollar in die Carnegie Corporation of New York gesteckt, der auch die Aufgabe übertragen wurde, alle früher gegründeten Stiftungen zu unterstützen. Hinzu kamen im Vereinigten Königreich der Carnegie Trust for the Universities of Scotland, der Carnegie Dunfermline Trust und der 1913 begründete Carnegie United Kingdom Trust.[85]

Politik des Bibliotheksbaus

Carnegie war zu Lebzeiten ein gern gebuchter Redner und ein viel diskutierter Schriftsteller. Neben zwei frühen Reiseberichten schrieb er auch zwei Biografien: zum einen über den schottischen Erfinder James Watt und zum anderen über den amerikanischen Geschäftsmann Ezra Cornell. In zahlreichen Aufsätzen verglich Carnegie das Gesellschaftssystem des Vereinigten Königreichs mit dem der Vereinigten Staaten und nahm zu Wirtschaftsfragen und zu Problemen der internationalen Politik Stellung. Carnegie war nicht nur der reichste Mann seiner Zeit, er war auch jemand, der Position bezog und Diskussionen nicht scheute. Carne-

---

[85] J. Ramsay MacDonald (Hg.): *Centenary of Andrew Carnegie. The British Trusts and their Work, with a Chapter on the American Foundations.* Edinburgh 1935, S. 83–124; Anderson: *Carnegie Corporation Library Program*, S. 4.

gies acht Bücher (darunter zwei Sammelwerke) und über siebzig Aufsätze werden heute nur von wenigen gelesen[86]; das gilt auch von seinen gedruckten Reden, in denen er nicht nur Meinungspolitik betrieb, sondern versuchte, übergreifende Perspektiven einzunehmen.[87]

1886 veröffentlichte Carnegie sein Buch *Triumphant Democracy*, das noch im selben Jahr unter dem Titel *Amerika. Ein Triumph der Demokratie* auf Deutsch erschien, gewidmet »der theuren Republik, deren gleiche und gerechte Gesetze mir die Freiheit geschenkt haben, welche mir das Land meiner Geburt bisher versagt hatte«.[88] Über die Macht des amerikanischen Staatenbundes heißt es zu Beginn des Buchs: »Wichtiger noch als die kommerzielle und militärische Bedeutung der Union ist die hervorragende Stellung, welche sie auf geistigem Gebiete unter den Nationen einnimmt. In der Zahl der Schulen und Colleges, in dem Reichthum an umfangreichen Bibliotheken, und in der Menge ihrer Zeitungen und periodischen Druckschriften wird sie von keinem anderen Lande erreicht.«[89] Gegen

---

86 George Swetnam: *The Carnegie Nobody Knows*, in: Pennsylvania History. A Journal of Mid-Atlantic Studies 44 (1977), S. 163–172.

87 John E. Higgins: *Andrew Carnegie, Author*, in: The Pennsylvania Magazine of History and Biography 88 (1964), S. 439–455.

88 Andrew Carnegie: *Amerika. Ein Triumph der Demokratie, oder die Nordamerikanische Republik vor fünfzig Jahren und heute*. Leipzig 1886; Andrew Carnegie: *Triumphant Democracy or Fifty Years' March of the Republic*. New York 1886. Die Widmung lautet: »To the Beloved Republic under whose equal laws I am made the Peer of any Man, although denied political Equality in my native Land, I dedicate this book with an Intensity of Gratitude and Admiration which the native-born Citizens can neither feel nor understand.«

89 Carnegie: *Amerika*, S. 7; vgl. Carnegie: *Triumphant Democracy*, S. 9: »Of more importance even than commercial or military strength is the Republic's commanding position among nations in intellectual activity; for she excels in the number of schools and colleges, in the number and extent of her libraries, and in the number of newspapers and other periodicals published.«

Ende resümiert Carnegie, dass die Vereinigten Staaten mit 23.000 Schulbibliotheken und 45 Millionen Büchern mehr aufzuweisen hätten als alle öffentlichen Bibliotheken Europas zusammen. Als Carnegie sieben Jahre später eine Neuauflage des Buches publizierte und die neuesten statistischen Werte hinzufügte, ergänzte er sein Resümee durch einen neuen Satz: »Freie öffentliche Bibliotheken zählen zusammen mit der öffentlichen Presse zu den vordersten Einheiten auf dem Marsch der Kultur (*march of civilization*).«[90] Zuvor hatte Carnegie in einer populären Zeitschrift mit Nachdruck bekannt: »Freie öffentliche Bibliotheken sind die Wiege der siegreichen Demokratie.«[91]

Carnegie identifizierte in einer sozialtechnologischen Perspektive die Bildung als Hebel zu größerer politischer und wirtschaftlicher Macht national organisierter Industriegesellschaften. Daraus folgerte er allerdings nicht, dass die Bildung selbst als nationales Phänomen zu verstehen und zu instrumentalisieren sei, wie es der englische Intellektuelle Matthew Arnold nahelegte, der Carnegie gut kannte und der in einem Brief bezweifelte, ob man das Ranking der Staaten tatsächlich an Zahlen über Bibliotheken ausrichten solle.[92]

---

90 Ebd., S. 361: »It is estimated that there are twenty-three thousand school libraries in America, containing forty-five million books – twelve million more than all the public libraries of Europe combined.« Andrew Carnegie: *Triumphant Democracy. Sixty Years' March of the Republic*. Revised Edition, New York 1893, S. 211: »Free public libraries rank with the public press among the foremost agencies in the march of civilization.«

91 Andrew Carnegie: *Fifty Million Dollars for Housing Books. The Library Gift Business*, in: Collier's 43 (1909), S. 14f., hier S. 14: »Free public libraries are the cradles of triumphant democracy.«

92 Matthew Arnolds Kommentar zu Carnegies Buch T*riumphant Democracy* findet sich in einem Brief vom 29. Juli 1886: »Do they think to prove that it [life] must have savour and depth by pointing to the number of public libraries, schools, and places of worship?«, in: George W.-E. Russell (Hg.): *Letters of Matthew Arnold, 1848–1888*. London 1895, Bd. 2, S. 340; vgl. Higgins: *Carnegie, Author*, S. 446.

Nicht allein im Hinblick auf seine Bibliotheksbaupolitik war Carnegie international orientiert, die Leidenschaft seiner letzten Lebensjahrzehnte galt dem Frieden zwischen den Nationen. Gegen den Krieg wandte er sich in mehreren Ansprachen und Appellen; zwischen 1904 und 1919 veröffentlichte die Zeitschrift *The Advocate of Peace* mehrere seiner Texte. Carnegies Friedenskonzept war anti-imperialistisch im politischen Sinn: Er hasste das Militär und den Kolonialismus und argumentierte 1899 in einem zweiteiligen Aufsatz über *America versus Imperialism* vehement gegen das britische Modell der Unterdrückung fremder Völker.[93]

Im Vorfeld der zweiten Haager Friedenskonferenz – geplant 1904, wegen des Russisch-Japanischen Kriegs verschoben auf 1907 – richtete Carnegie einen offenen Brief an die teilnehmenden Nationen.[94] Außerdem forderte er in einer Rede an der schottischen University of St. Andrews eine Peace League of Nations, die die Aufgabe wahrnehmen sollte, internationale Konflikte auf dem Verhandlungsweg beizulegen.[95] Das Ergebnis der Konferenz war die Gründung eines internationalen Schiedsgerichts, des heutigen Internationalen Gerichtshofs, für das Carnegie nicht nur, wie anfangs projektiert, eine juristische Fachbibliothek finanzierte, sondern das ganze 1913 in Den Haag eingeweihte Gebäude, den »Friedenspalast«. Carnegies Anwe-

---

93 Andrew Carnegie: *Americanism versus Imperialism*, in: North American Review (1899), S. 1–13 und 362–372.

94 Andrew Carnegie: *Letter to the Peace Congress*, in: The Advocate of Peace 66 (1904), S. 233.

95 Andrew Carnegie: *Peace to Come at Last. A Peace League of Nations*, in: The Advocate of Peace 67 (1905), S. 247–254.

senheit bei der Eröffnungszeremonie ist auf Film dokumentiert.[96] Eine geplante, dritte Friedenskonferenz fand aufgrund des Ersten Weltkriegs nicht mehr statt.

Schon vor 1900 engagierte sich Carnegie für den internationalen Frieden; dieses Engagement verstärkte er nach 1900. 1906 wurde er Mitbegründer – und später zeitweise Präsident – der Peace Society of the City of New York, nachdem er andere Friedensorganisationen für zu idealistisch und nicht pragmatisch genug befunden hatte. 1910 gründete er die bis heute bestehende Stiftung Endowment for International Peace.[97] Carnegie setzte sich persönlich für die Verhinderung des Weltkriegs ein, indem er den deutschen Kaiser (»meinen Freund«) besuchte und dessen Versicherung, die deutsche Aufrüstung stelle keine Kriegsvorbereitung dar, an den englischen Premier und den amerikanischen Präsidenten überbrachte, die Carnegie als einer Art Sonderbotschafter Gehör schenkten.[98]

In gesellschaftspolitischen Fragen argumentierte Carnegie keineswegs idealistisch, sondern eher realistisch, fakten- und zahlenbasiert. Seine Analyse von drohenden Konflikten war nüchtern und beschreibend. Immer wieder versuchte er außerdem, mit historischen Argumenten zu überzeugen. Ein Beispiel dafür ist der Vortrag über die Stellung der ehemals versklavten schwarzen Bevölkerung der Vereinigten Staaten, gehalten 1907 vor der Philosophical

---

96 Vgl. https://youtu.be/3vpDBPIbx7M und https://youtu.be/ULCrzpruEXQ, zuletzt aufgerufen am 12. Januar 2024.

97 Peter Weber: *The Pacifism of Andrew Carnegie and Edwin Ginn. The Emergence of a Philanthropic Internationalism*, in: Global Society 29 (2015), S. 530–550.

98 David S. Patterson: *Andrew Carnegie's Quest for World Peace*, in: Proceedings of the American Philosophical Society 114 (1970), S. 371–383; David Nasaw: *»A Fool For Peace«*, in: The Tocqueville Review 38 (2017), S. 71–87.

Institution of Edinburgh.[99] Carnegie ging von folgender Frage aus: Welcher Fortschritt an gesellschaftlicher Integration lässt sich seit dem Ende des amerikanischen Bürgerkriegs 1865 feststellen? Carnegie führte Zahlen an, die schwarze Amerikaner als Land- oder Hausbesitzer erfassen und deren Bildungsabschlüsse an Schulen und Universitäten verzeichnen. Sein Fazit lautete, dass die Entwicklung in Richtung gesellschaftlicher Gleichberechtigung in Gang gekommen sei, aber noch ein weiter Weg zurückzulegen sei. Zu dieser Aussage kam Carnegie zehn Jahre nach dem Urteil des Obersten Gerichts der Vereinigten Staaten, das 1896 Eingaben der Südstaaten gegen stärkere Gleichberechtigung in die folgenschwere Entscheidung umsetzte, dass bei »gleichwertiger Ausstattung« (*equal facilities*) die Separierung von Schwarzen und Weißen gerechtfertigt sei. Dieses Urteil hat im Alltagsleben der USA die Rassentrennung bis zur Bürgerrechtsbewegung der 1960er Jahre verschärft. Für Carnegie selbst war die Rechtslage allerdings kein entscheidender Faktor bei seinen Überlegungen. Er setzte alle Hoffnung auf den Einzelnen – das tätige Individuum.

Das Problem, wie schwarze Amerikaner Zugang zu Bibliotheken erhalten könnten, thematisierte Carnegie nicht direkt, auch nicht in seinen anderen Reden über das »black problem«, die er hielt.[100] Im Übrigen schwieg zu diesem Thema auch die American Library Association.[101] Der von Bibliothekaren gerne zitierte Slogan *Free to all*

---

99 Andrew Carnegie: *The Negro in America. An Address Delivered before the Philosophical Institution of Edinburgh, 16th October 1907*. Inverness 1907.

100 George Swetnam: *Andrew Carnegie*, S. 114–116.

101 Vgl. Wayne A. Wiegand: *»Any Ideas?« The American Library Association and the Desegregation of Public Libraries in the American South*, in: Libraries. Culture, History, and Society 1 (2017), S. 1–22.

erweist sich bei näherer Betrachtung als unwahr. Erst in letzter Zeit gibt es eine stärkere historische Aufarbeitung der fast einhundertjährigen Geschichte der Rassentrennung durch und in Bibliotheken.[102]

Die Situation war an vielen Orten komplex. Es gab Bibliotheken, deren Lesesäle für Weiße zugänglich waren und in denen Schwarzen nur die Ausleihe erlaubt war, wobei sie nicht im Lesesaal, sondern beispielsweise im Kellergeschoß bedient wurden. Andere Hilfskonstruktionen waren Abholstationen in Wohnvierteln mit mehrheitlich schwarzer Bevölkerung. In Jacksonville, Florida, wurde 1905 mit Carnegies Geld die Public Library in einem neuen Gebäude eröffnet. Hier wurden im einem oberen Stockwerk auch Schwarze bedient, wie ein Foto belegt (Abb. 5). Der Text dazu führt allerdings aus, dass diese Etage wenig benutzt wurde.[103] 1927 gab es in Jacksonville dann eine Stadtteilbibliothek exklusiv für Schwarzamerikaner. Die Errichtung von auch für Schwarze zugänglichen Bibliotheksgebäuden erfolgte oft sehr spät. In Atlanta, Georgia, öffnete die Bibliothek für Schwarze 1921, neunzehn Jahre nach der Errichtung der Hauptbibliothek für Weiße (Abb. 6). Beide Gebäude wurden von Carnegie gefördert.[104]

---

[102] Grundlegend ist Cheryl Knott: *Not Free, Not For All. Public Libraries in the Age of Jim Crow*. Boston 2015.

[103] Koch: *Carnegie Libraries*, S. 119.

[104] Vgl. etwa Julia A. Hersberger / Lou Sua / Adam L. Murray: *The Fruit and Root of the Community. The Greensboro Carnegie Negro Library, 1904–1964*, in: Buschman / Leckie: *The Library as Place*, S. 79–99; Matthew R. Griffis: *A Separate Space, Remembering Meridian's Segregated Carnegie Library, 1913-74*, in: Mississippi Libraries 80 (2017), S. 39–48; Ron Bass: *Houston Colored Carnegie Library*, in: Texas State Historical Association (2020); online https://www.tshaonline.org/handbook/entries/houston-colored-carnegie-library, zuletzt abgerufen am 12. Januar 2024.

Im Rückblick stellt sich außerdem heraus, dass die Qualität der *service area* der Public Libraries in nichtweißen Wohnvierteln unterdurchschnittlich war. Es gab im Jahr 1939 knapp einhundert sogenannte *colored libraries* in den Südstaaten der USA, darunter auch einige, deren Bau durch Carnegie finanziert worden waren. Eliza Atkins Gleason, die erste promovierte schwarzamerikanische Bibliothekarin in den USA, untersuchte 1941 die Bibliotheksverhältnisse für die schwarze Bevölkerung.[105] Gleason ermittelte auch das Verhältnis zwischen der Anzahl der Bibliotheken für die schwarze Bevölkerung – durchweg Stadtteilbibliotheken, keine Zentralbibliotheken – und der Bevölkerungsstärke und kommt dabei auf schlechtere Durchschnittswerte als für die weiße Bevölkerung. Cheryl Knott, die sich 75 Jahre nach Gleason mit der Rolle der Bibliotheken für Afroamerikaner beschäftigte, unterstrich 2015 die soziale Härte, die durch die Nutzung unter Bedingungen der Rassentrennung entsteht: »Es ist Wunschdenken zu glauben, dass Public Libraries als eine der wenigen Institutionen unberührt vom systemischen Rassismus blieben oder dass separate Public Libraries für Afroamerikaner nur eine missliche Ausnahme von der eigentlich demokratischen Natur der Public Library waren.«[106]

Das Engagement Carnegies für stärkere Gleichberechtigung hatte verschiedene Formen. Bis 1910 unterstützte

---

[105] Eliza Valeria Atkins Gleason: *The Southern Negro and the Public Library: A Study of the Government and Administration of Public Library Service to Negroes in the South*. Chicago 1941. Der Band enthält mehrere tabellarische Übersichten auf S. 90–109.

[106] Knott: *Not Free, Not For All*, S. 15: »It is fantasy to believe that the public library was one of the few institutions not implicated in a system of racism or that separate public libraries for African Americans were just an unfortunate exception to the public library's true democratic nature.«

Carnegie fünfzehn Bibliotheken an Bildungsinstitutionen, die nur für Schwarzamerikaner offen waren. Die meisten Förderungen gingen auf einen Vorschlag von Booker T. Washington zurück, den Carnegie als Vertreter der schwarzen Minderheit unterstützte, etwa durch Zuwendungen an dessen Fortbildungsanstalt in Tuskegee, Alabama (Abb. 7). Washingtons Buch *Up from Slavery* (1901) hatte nicht nur Carnegie beeindruckt, sondern auch andere Stifter angeregt, Bibliotheken für die schwarze Minderheit zu gründen: Der im Großhandel reich gewordene Julius Rosenwald förderte beispielsweise erheblich die Büchersammlungen solcher Bibliotheken, die schwarze Amerikaner bedienten.[107]

Vom Gesichtspunkt der Öffentlichkeit aus gesehen stellten der Ausschluss oder die Einschränkung der Nutzung Defizite in der Funktion einer Bibliothek dar. Carnegies Engagement für Bibliotheken bewegte sich im öffentlichen Raum der steuerfinanzierten Einrichtungen und damit auch im Rahmen der durch Gesetze und Verwaltungsvorschriften festgelegten Rassentrennung, die erst in der zweiten Hälfte des 20. Jahrhunderts gelockert wurde. Es gilt auch zu anderen Zeiten und an anderen Orten, dass soziale Regeln und Verhaltensweisen die Bibliotheksnutzung auch und selbst dann prägen, wenn Gesetze oder Verwaltungsvorschriften diskriminieren.

---

[107] David M. Battles: *The History of Public Library Access for African Americans in the South. Or, Leaving Behind the Plow*. Lanham 2009, S. 67; Knott: *Not Free, Not For All*, S. 104 und 115.

Bibliothekstypen

Bibliotheksgeschichten richten ihren Blick traditionell auf die Büchersammlung und die Qualität des Bestandes. Sie richten sich damit nach den Interessen, die in der Regel sowohl für Geldgeber und Unterhaltsträger als auch für professionelle Bibliotheksmenschen und Buchexperten maßgeblich sind. Bibliotheken werden über ihr Budget taxiert, sie werden in Geldbeträge und professionelle Tätigkeiten umgerechnet. Dergleichen lässt sich dokumentieren, denn Erwerbungen und Personalkosten sind aktenkundig. Auch manche Dienstleistungen der Bibliotheken für Nutzerinnen und Nutzer lassen sich anhand des Aufwandes quantifizieren. Bibliotheken konnten so immer schon die eine oder andere Statistik füttern.

Was die Nutzung angeht, gibt es jenseits der Zugriffszahlen allerdings wenig verlässliche Auskünfte. Es ist kaum möglich, allen Bewegungen zu folgen, die Menschen in Bibliotheken vollziehen, und ebenso schwer ist es, alle diese Bewegungen mit Nutzungsprofilen zu verbinden. Wir stehen vor dem Geheimnis der Bibliothek wie vor großen Gebäuden: Wir sehen Menschen hineingehen und herauskommen und haben doch kaum Anhaltspunkte für das, was sie im Inneren tun. Der Mensch, der liest oder nachdenkt, kann nicht bloßgestellt werden, jedenfalls nicht durch Beobachtung. Und weil das Senken des Kopfes bei der Lektüre und das Heben des Kopfes beim Nachdenken die beiden hauptsächlichen Bewegungsformen der Leserinnen und Leser in der Bibliothek sind, bleiben sie meist nicht nur buchstäblich still und stumm.

Immerhin sind die Gebäude, die für die Lektüre erbaut wurden, seit dem 19. Jahrhundert in Fotos, in Grundrissen und in Kostentabellen dokumentiert.[108] Eine Besonderheit in der Bibliotheksgeschichtsschreibung stellt das abbildungsreiche Werk von Theodore Wesley Koch dar, der als Bibliothekar 1907 (und erweitert 1917) die Bibliotheksneubauten Carnegies beispielhaft herausstellte.[109] So lässt sich ein Eindruck gewinnen, was die Wege angeht, die man im Gebäude einschlagen konnte. Wenn Menschen ihr Geheimnis bewahren, sobald sie beginnen, ausführlicher zu lesen, wird durch die Architektur immerhin die Situation enthüllt, in der ihr Lesen stattfindet.

Grob gesprochen entstehen im 19. Jahrhundert zwei Typen von Gebäuden – die großen und die kleinen Bibliotheken. Erstere sind markanter und erwecken den Eindruck des Außergewöhnlichen, letztere sind zahlreicher und prägen den Alltag. Wo immer sie errichtet werden, spielen sie eine Rolle in der Stadt – und städtische Zentren sind es, wo Bibliotheksneubauten platziert werden. (Die gar nicht so seltenen Umzüge von Büchersammlungen in bestehende Gebäude werden hier nicht berücksichtigt.) Carnegies Investitionen haben in beiden Kategorien Wirkung gezeigt. Seine vor allem bis 1896 erfolgte Einzelförderung großer Bauten als Kulturpaläste arbeitete der Überwältigungs- und Einladungskultur zu, die auch andere Kulturgebäude der Zeit auszeichnet. Seine spätere Förderung kleinerer Bibliotheken als Bildungsstätten standardisierte die bibliothekarische Raumaufteilung und formierte Nutzererwartungen.

---

108 Vgl. Jones: *Carnegie Libraries*, S. 131–166; Anderson: *Carnegie Corporation Library Program*.

109 Koch: *Carnegie Libraries*; 1907 erschien der Abbildungsteil, der 1917 mit Texten erweitert wurde.

Kulturpaläste: große Bibliotheken

Carnegies erster großer Bibliotheksbau in Allegheny – 1886 bewilligt und 1890 eingeweiht – sowie sein letzter, 1896 gebauter Bibliotheksbau in Homestead stehen beide in inzwischen eingemeindeten Stadtteilen von Pittsburgh. In den gleichen Zeitraum fällt der Bau zweier weiterer Carnegie-Bibliotheken in den ebenfalls in und bei Pittsburgh liegenden Orten Braddock (1895) und Carnegie (1898). Der historische Kontext ist interessant: In dieselbe Dekade fallen die architekturstilistisch bedeutende Weltausstellung in Chicago (1893) und die Eröffnung der Neubauten zweier sehr großer amerikanischer Bibliotheken, der Boston Public Library (1895) und der Library of Congress in Washington, D.C. (1897).

Weitet man den Kontext über die USA hinaus, so entstanden im Zeitraum von Mitte der 1880er bis Mitte der 1890er Jahre eine ganze Reihe von größeren Neubauten: die Herzog August Bibliothek in Wolfenbüttel (1887), die Biblioteca Vaticana im Rom (1892), die Nationalbibliothek Irlands in Dublin (1890) und die Universitätsbibliothek in Leipzig (1891) sowie die Universitätsbibliotheken in Straßburg, Graz (beide 1895) und Basel (1896). Die Konjunktur der großen Bibliotheksbauten setzt sich noch fort: die John Rylands Library in Manchester 1899, die Bibliothek der Universität Charkiw 1902, die New York Public Library 1911, die Bibliothek der Universität Padua 1912, die Königliche Bibliothek Berlin 1914, die Widener Library der Harvard University 1915, die Deutsche Bücherei Leipzig 1916, die Zentralbibliothek Zürich 1916, die Universitätsbibliothek Tsingtau 1919, die Staats- und Universitätsbibliothek Minsk 1925, die Universitätsbibliothek Belgrad 1926, die

Kaiserliche Bibliothek Tokio 1928. Auch dies ist freilich nur eine Auswahl.

Groß sind die Gebäude einmal aus Gründen der Sammlungssicherung und der damals schon rasant steigenden Zahl der Publikationen, zum anderen aus Gründen der intensiven Nutzung etwa durch Forschende und Studierende. Der auf Zuwachs berechnete Magazinierungsbedarf führte zu großen Regalhallen und manchmal sogar zu in die Tiefe und Höhe gebauten Magazintürmen. Die Vergrößerung der Bauten leitete sich jedoch nicht allein aus dem Bestandswachstum ab. Was mit einem Kulturgebäude immer und unvermeidlich in Erscheinung tritt, sind architektonischer Stil und künstlerische Ausstattung. Auch wenn es sich um Zweckbauten handelte, wurden große Bibliotheksgebäude auf repräsentative Wirkung hin konzipiert – nach außen mit mächtigen Kolonnaden und nach innen mit palastähnlichen Treppenführungen und kunstreicher Dekoration. Es waren vor allem die Publikumsbereiche, in denen sich der architektonische Wille zur imposanten Gestaltung Bahn brach. Ein besonders ungestümes Beispiel ist der Neubau der Kongressbibliothek. Dass solche gewaltigen Gebäude mit Tempeln, Kathedralen oder Museen assoziiert wurden, stieß den Bibliothekarinnen und Bibliothekaren der Zeit immer wieder negativ auf. Auf der anderen Seite gab es auch in Europa die Tradition, dass Bibliotheken besichtigt wurden wie Kirchen oder Paläste, insbesondere wenn sie prachtvoll erbaut und dekoriert waren.

Manche architektonischen Besonderheiten machten schon durch die Anlage klar, dass sie nicht allein auf einen überwältigenden Eindruck abzielten, sondern auch mit Funktionseffekten verbunden waren. So dienten kreisrunde

Lesesäle sowohl der vereinfachten Beleuchtung wie der leichteren Überwachung der Lesenden. Solche runden Lesesäle finden wir im British Museum (1857), im Picton Reading Room in Liverpool (1879), in der Swansea Central Library (1887), der US-amerikanischen Kongressbibliothek (1897) und der Preußischen Staatsbibliothek (1914). Wenn man oktogonale und ovale Raumkonzepte einbezieht, gehören zu dieser architektonischen Gruppe auch der La Trobe Reading Room der State Library von Victoria in Melbourne, Australien (1913) und der 1936 eröffnete öffentliche Lesesaal (*salle ovale*) der französischen Nationalbibliothek.

In vielerlei Hinsicht teilen im 19. Jahrhundert große Bibliotheken Züge der Monumentalarchitektur mit anderen Gebäuden wie Parlaments- oder Museumsbauten. Große Lesesäle umgeben die Menschen in Bibliotheken – wie in Palästen, Kirchen und Kathedralen – mit viel freier Luft nach oben und zur Seite und produzieren eine sakrale Atmosphäre. Durch die gewissermaßen jeden etablierten Maßstab sprengenden Wände und Decken werden die Lesenden eingeschüchtert und zugleich moralisch erhoben. Solche Gebäude sind betretbare Gesamtkunstwerke, die an allen Ecken und Enden Kultur atmen, die jederzeit – und das ist das Besondere der Bibliotheksbauten – in der Regie des eigenen Verweilmanagements betreten werden können. Wo sonst der kulturelle Genuss anspruchsvoller Gebäude an Veranstaltungszeiten gebunden ist, erlauben es Bibliotheksgebäude, sie nach eigenem Belieben aufzusuchen und zu nutzen.

Der äußere Stil großer Bibliotheken variierte in den USA schon im 19. Jahrhundert stark. Die ersten Bauten Carnegies – insbesondere die Bibliothek in Allegheny – stehen in der Tradition verschachtelter Baukomplexe mit runden und eckigen Baukörpern. Türme und Erker erinnern an Henry Hobson Richardson, der viele Bibliotheken, aber auch Postämter, Bahnhöfe und andere Gebäude mit städtischer Prägekraft errichtete.[110] Von solchen mittelalterlichen und schlossähnlichen Bauten, wie sie auch für deutsche Rathäuser der Zeit typisch waren, kann man klassizistische Bauten mit klar gegliederten Baukörpern, renaissancehafte Bauten mit betonter Fassade wie etwa bei der Public Library in Washington, D.C. (Abb. 8) sowie eine Reihe weiterer Typen unterscheiden. Schon bei den Gebäuden Richardsons zeigt sich jedoch deutlich, dass die meisten Architekten die Bibliothek von innen her denken: Wir finden etwa türlose Übergänge von den Lesebereichen zu der zentralen Theke für die Auskunft und Ausleihe. Der Lesesaal ist von der Mitte her einsehbar, zugleich akustisch so gut wie möglich getrennt. Von den kleineren unterschieden sich die großen Bibliotheken auch dadurch, dass ihre Gebäude gelegentlich nicht nur bibliothekarische Funktionen hatten. Schon Peabody hatte seine Bibliothek in Baltimore mit einem Museum verknüpft, worin ihm Carnegie in Pittsburgh folgte (Abb. 9).

Es müsste genauer untersucht werden, was Carnegies große Bibliotheksbauten oder Kulturzentren leisteten, wie sie gleich ähnlichen Bauten einen Beitrag zum Imaginären der amerikanischen Städte – zur gebauten Akropolis einer kultivierten Bürgerschaft – leisteten. Diese Entwicklung hin zum baulich Imaginären hatte in Boston angefangen und

---

110 Kenneth Breisch: *Henry Hobson Richardson and the Small Public Library in America. A Study in Typology.* Cambridge, MA 1997; Kenneth Breisch: *American Libraries 1730–1950.* New York 2017.

sich in New York fortgesetzt, wofür paradigmatisch die mächtigen, freilich ohne Carnegies Unterstützung errichteten Bauten der beiden Zentralbibliotheken dieser beiden Städte stehen. Die Bibliothekshistoriografie kann hier künftig von der Urbanistik, der Architektur und der Kunstwissenschaft lernen, sobald einmal Gebäude – und eben auch Bibliotheksgebäude – als atmosphärische Erlebniswelten anerkannt sind.[111]

Bildungsstätten: kleine Bibliotheken

Die Stadtteilbibliotheken in den großen Städten sowie die einfachen Public Libraries in Kleinstädten und auf dem Land waren Orte, an denen sich Carnegie besonders wirksam ins Spiel brachte und durch die er nachhaltig die Bibliothekslandschaft in den USA und in vielen Teilen des britischen Weltreichs veränderte. Die Mehrzahl seiner Gebäude kostete weniger als 30.000 Dollar.[112] Anders hätte er die große Anzahl an Bibliotheksbauten gar nicht finanzieren können, ohne das Gesamtbudget von am Ende verausgabten ca. 65 Millionen Dollar zu überschreiten. (Bei dieser Summe handelt es sich etwa um ein Sechstel des Vermögens, das Carnegie in Stiftungen steckte.)

Carnegies kleinere Bibliotheken setzten Standards. Sie waren in der Regel zweistöckig. Die Bibliotheksfunktionen spielten sich auf der Hauptebene des Erdgeschosses bzw. Hochparterres ab. Stadtteilbibliotheken in dicht besiedelten Großstädten mit ständig steigenden Grundstückspreisen

---

111 Vgl. Gernot Böhme: *Atmosphäre. Essays zu einer neuen Ästhetik*. Berlin 2013.
112 Zu Carnegies Durchschnittskosten vgl. Jones: *Carnegie Libraries*, S. 128.

wie New York City mussten ausnahmsweise auf drei bis vier schmale Stockwerke verteilt werden (Abb. 10).[113]

Es war keine grundsätzliche Sparsamkeit bei der Kalkulation der Kosten, die den Ausschlag für den Bau von Tausenden kleinerer Bibliotheksgebäude gab. Carnegie entsprach nicht dem zeitgenössischen Klischee des knauserigen Millionärs: Oft hatte er die zugesagten Beträge nachträglich erhöht. Eher war es der pragmatisch für das gesamte Förderprogramm festgelegte – und natürlich sparsam kalkulierte – Schlüssel von Einwohnerzahl und Baukosten (2 Dollar pro Einwohner), der die Realität der amerikanischen Siedlungen reflektierte und kleinere Bibliotheksbauten in die Fläche streute.

Insbesondere in Kommunen mit geringer Einwohnerzahl stellte Carnegie auf diese Weise Infrastruktur bereit. Carnegie selbst hat diesen Effekt nicht eigens hervorgehoben. Häufiger bemerkte er dagegen, dass er nicht schenke, sondern durch seine Bauförderung die Städte selbst zur Bildungsförderung bewege. Damit deutete er immerhin an, dass er um die lokale Wirkung, die seine Bibliotheksbauten hatten, wusste, und dass er seine Förderpolitik als strukturelle Investition verstand. Wenn er bei der Eröffnung der mit seiner Unterstützung errichteten Bibliotheken persönlich erschien – was er nur selten tat –, legte er den Schwerpunkt seiner Rede immer wieder auf die Hilfe zur Selbsthilfe. In Washington, D.C., wo er im Januar 1903 – sechs Jahre nach der Kongressbibliothek – zusammen mit dem Präsidenten der Vereinigten Staaten den neuen Bau der Public Library einweihte, sagte Carnegie in seiner Ansprache, dass er das Ende seiner Bibliotheksförderung nicht erkennen

---

113 Siehe Koch: *Carnegie Libraries*, S. 19–40.

könne, weil der kommunale Bedarf noch lange nicht zu befriedigen sei: »Solange Gemeinden eine Bibliothek mit Steuermitteln als Teil des städtischen Bildungssystems unterhalten wollen und sie damit zu einer Bibliothek des Volkes und zu einer Stütze des öffentlichen Schulsystems machen, solange will ich in diesem Weinberg arbeiten.«[114] Carnegie schloss mit einer Vision der sozialen Mobilität nach oben: »Die Bibliothek reicht den Ehrgeizigen eine Hand und stellt ihnen eine Leiter zur Verfügung, auf der sie nur dann höhersteigen können, wenn sie selber klettern. Man kann niemanden die Leiter hinaufschieben! Das ist keine Wohltätigkeit, das ist keine Philanthropie; es sind die Menschen selber, die sich helfen, indem sie sich Steuern auferlegen.«[115]

In manchen Fällen wirkte Carnegies Förderung als Beschleunigung bereits bestehender Pläne. Nicht wenige Gemeinden besaßen Bibliotheken, wollten diese aber besser ausstatten und in neue Gebäude übersiedeln. Ein solcher Fall findet sich zum Beispiel in Binghamton, New York. Obwohl in der Stadt schon länger Bücher angeschafft und ausgeliehen wurden, in provisorischen Quartieren, konnte man erst mit Carnegies Geld ein eigenes Gebäude dafür errichten. Bei diesem Vorhaben ging es um eine Fördersumme von 75.000 Dollar, die Carnegie im April 1902 zusagte. Die damit verbundene Einführung einer lokalen Steuer

---

114 Ebd., S. 102: »As long as communities are willing [...] to maintain a library from the proceeds of taxation, as part of the city's educational system, thus making it the library of the people and an adjunct of the public school system, so long I intend to labor in that vineyard.«

115 Ebd., S. 103: »[The library] stretches a hand to the aspiring and place a ladder upon which they can only ascend by doing the climbing themselves. You cannot boost a man up the ladder! This is not charity, this is not philanthropy; it is the people themselves helping themselves by taxing themselves.«

wurde im Juli auf einer Bürgerversammlung angenommen. Es existiert noch der plakatähnliche Aufruf zur Wahlversammlung. Zwei Jahre später, 1904, wurde die Bibliothek in Betrieb genommen.[116]

Carnegies Förderung erschöpfte sich allerdings nicht in der Beschleunigung bereits vorhandener gesellschaftlicher Initiativen. Davon zeugen zahlreiche Dankesbriefe und Dankesreden. Ein Beispiel ist der Brief des Präsidenten der Bibliothekskommission der Kleinstadt Elkhart, Indiana, deren Bibliotheksbau Carnegie mit 40.000 Dollar gefördert hatte: »Dieses Geschenk erhalten nicht die Wenigen, es ist nicht für die Privilegierten. […] Es sieht ab von der Person, dem Milieu, von Herkunft, Nationalität, Hautfarbe und Alter. […] Ich hoffe, dass der häufige Besuch dieser Hallen, die Lektüre der Bücher über Vergangenheit und Gegenwart, die sorgfältige Auseinandersetzung mit Poesie und Philosophie, die die Kunst des Bewahrens aller Kunst hier verankert hat, für die Gemeinschaft ein ständiger Ansporn sein möge zur Verbesserung unserer allgemeinen Schulen, zum Wunsch, die sozialen und politischen Bedingungen besser zu verstehen, sowie ein beständiger Anreiz zur Geschmacksbildung und den höheren Genüssen.«[117] Die Bibliothek wird zum sozialen Zentrum, wie 1905 Gratia Alta Countryman, Leiterin der Minneapolis Public

---

116 Ebd., S. 88–90.

117 Ebd., S. 162: »[This gift] is not for the few, it is not for the privileged […]. It is without respect of persons, without respect of condition, without respect of birth, of nationality, of color, or age. […] I hope that the frequent visiting of these halls, the reading of the books which tell of the past and the present, the perusal of the poetry and philosophy which the art preservative of all arts has here enshrined, shall be a constant stimulus to a betterment of our common-school facilities, to a desire for a better understanding of social and political conditions, and shall be a constant impulse to higher tastes and more refined pleasures in the community.«

Library, schrieb. Das gilt nicht allein im Sinne des Zusammenkommens, sondern auch im Sinne des gemeinschaftlichen Bewusstseins und der Zusammengehörigkeit: Gebäude wie Bücher haben »sozialen Einfluss«.[118]

Dieser »soziale Einfluss« wird besonders deutlich in den Grundrissen der für ländliche Kommunen entworfenen Carnegie-Bibliotheken. Die 1907 von Theodore Wesley Koch publizierten Ansichten und Raumpläne von mittleren und kleineren Carnegie-Bibliotheken lassen ebenso wie die von Carnegies Büroleiter Bertram ab 1911 ausgegebenen »Notes on the Erection of Library Bildings (sic)« eine charakteristische Gemeinsamkeit der von Carnegie geförderten Bibliotheken erkennen. Sie alle besitzen einen Vortragssaal im Untergeschoss bzw. Souterrain, in dem ansonsten Toiletten sowie Werk- und Lagerräume vorhanden sind. Der Vortragssaal wurde in den zeitgenössischen Bauplänen *lecture room, auditorium, assembly room* oder *social room* genannt.[119] In der Regel hatte der Vortragssaal einen separaten Eingang und konnte nicht durch die Bibliothek selbst betreten werden. Er war für Veranstaltungen vorgesehen, die ein Publikum ansprechen sollten, das nicht auf die Leserinnen und Leser beschränkt war. Bei mittelgroßen Gebäuden wurde neben dem Vortragssaal oft noch ein Besprechungsraum eingeplant, in dem etwa die Sitzungen der örtlichen Bibliothekskommission abgehalten werden konnten. Dieser Raum – bezeichnet als *staff room, club room* oder *trustees room* – galt bei kleineren Bibliothe-

---

118 Gratia Alta Countryman: *The Library as a Social Centre* (1905), in: Arthur Bostwick (Hg.): *The Library and Society. Reprints of Papers and Addresses.* New York 1920, S. 436: »Many of our libraries are now housed in beautiful buildings in which case, the building as well as the books becomes a means of social influence.«
119 Chalmers Hadley: *Library Buildings. Notes and Plans.* Chicago 1924.

ken als entbehrlicher Luxus.[120] Die Regelmäßigkeit, mit der Vortragssäle eingerichtet wurden, macht einen Hauptunterschied der amerikanischen Public Libraries zu den europäischen städtischen Bibliotheken aus. Was in den USA die Regel war, existierte in der übrigen Welt nur als Ausnahme.

Die zweite Auffälligkeit der Anfang des 20. Jahrhunderts in den USA publizierten Bibliotheksgrundrisse ist der Kinderlesesaal, der meist die gleiche Größe wie der Erwachsenenlesesaal aufwies, also die Hälfte des Lesesaalbereichs der kleinen und mittleren Bibliotheken einnahm (Abb. 11). Kinder und Jugendliche stellten offenkundig eine Hauptzielgruppe der öffentlichen Bibliotheken dar. Nicht selten findet man im Kinderbereich auch einen Kamin, der für eine heimelige Atmosphäre sorgen sollte (Abb. 12) und vor dem regelmäßig sogenannte *story hours* stattfanden, bei denen aus Büchern vorgelesen wurde.

Als die Hudson Park Library in New York City 1906 eröffnet wurde und sich für die Versorgung der südöstlichen Stadtteile von Manhattan bereitmachte, ahnten die Bibliothekarinnen nicht, was nach Schulschluss am frühen Nachmittag über sie hereinbrechen würde: Hunderte von Kindern und Jugendlichen wollten Bücher ausleihen. Die notgedrungen langsame Erstregistrierung führte zu enormen Warteschlagen, die erst auf dem Bürgersteig endeten. Der mehrstöckigen Bauweise der New Yorker Stadtteilbibliotheken geschuldet, lag der Kinderlesesaal nicht der Erwachsenenabteilung gegenüber, sondern einen Stock darüber; die Warteschlange zog sich also durch das ganze Gebäude.[121]

---

120 Bobinski: *Carnegie Libraries*, S. 59.
121 Koch: *Carnegie Libraries*, S. 52f.

Die Ausleihe von Büchern an Kinder und Jugendliche befriedigte Lektüreanforderungen, die nicht selten angeregt waren durch den Schulbesuch. Es war eine Hauptfunktion der öffentlichen Bibliotheken, Schulbildung zu ergänzen. Eine andere Funktion, die Bibliotheken besonders in den Stadtteilen übernahmen, in denen viele Immigrantinnen und Immigranten lebten, war die »Amerikanisierung«, die vom Erlernen der englischen Sprache bis zum Erwerb von Kenntnissen der amerikanischen Literatur und damit der amerikanischen Sitten und Gebräuche reichte. Meist waren die jeweils ersten Generationen der Einwanderer der englischen Sprache nicht mächtig, selbst wenn sie durchaus im Lesen geübt waren. Der für Kinderliteratur zuständige Bibliothekar der Broadway-Stadtteilbibliothek in Cleveland in Ohio berichtete 1908: »Wenn die Kinder nach einem böhmischen oder deutschen Märchen verlangen und sie auf die Frage, ›Für Dich?‹ antworten ›Nein, für meinen Vater‹, erfreut uns das sehr.«[122]

Anders als in Großstädten, wo die Nähe der Bibliothek zu den Nutzerinnen und Nutzern durch Stadtteilbibliotheken abgesichert wurde, war bei der Platzierung der Bauten kleinerer und kleinster Bibliotheken auf dem Land – wie beispielsweise in Monticello, Iowa (Abb. 13) – maßgebend, dass die Bibliotheken der stadträumlichen Verteilung von Schulen oder Kirchen folgten. Bibliotheksgebäude waren in jedem Fall definiert als Häuser, die man leicht aufsuchen konnte und in die man ungehindert gehen konnte. Bibliotheken unterstützten dabei mehr als das Lesen. Explizit formuliert wurde das nur selten. Eine Ausnahme

---

[122] Ebd., S. 145: »When the children ask for a Bohemian or German fairy tale and we question, ›For yourself?‹ and they answer, ›No, for my father,‹ we are much pleased.«

bildet eine 1906 gehaltene Festrede des Präsidenten der Brown University in Providence, Rhode Island, William Faunce: »Die Bibliothek ist weit mehr als eine Ansammlung von Büchern, sie ist eine soziale, zivilisierende und moralisierende Kraft. Wir rechnen in jeder Stadt und in jeder Gemeinde mit einem Bibliotheksgebäude, so wie wir damit rechnen, die Turmspitze auf der Kirche und die Flagge auf dem Schulhaus vorzufinden.«[123]

IV. Carnegies Vermächtnis

Im Jahr 1935 gedachten Vertreterinnen und Vertreter von 2.500 Bibliotheken weltweit des einhundertsten Geburtstages Andrew Carnegies.[124] Seine Bibliotheksbauförderung galt unter den Feiernden als Erfolg. Die weitere Geschichte der Bibliotheken, für die man heute weltweit über eine Milliarde an registrierten Nutzerinnen und Nutzern zählt, mag das bestätigen.[125] Carnegie selber hatte 1903, also zwei Jahre nach der Beendigung seiner aktiven Zeit als Industriemagnat, bekannt: »Mein Geschäft ist die Herstellung von Bibliotheken, und ich bitte darum, mir Zeit zu gewähren, mich darauf zu konzentrieren, bis dieses Geschäft abge-

---

123 William Herbert Perry Faunce: *The Library as a Factor in Modern Civilization* (1906), in: Bostwick: *Library and Society*, S. 343: »The library is vastly more than a collection of books; it is a social, civilizing, moralizing force. We expect to find the library building in every city and town as much as to find the spire of the church or the flag of the schoolhouse.«

124 *Andrew Carnegie Centenary 1835–1935. The Memorial Address by Sir James Colquhoun Irvine and Other Tributes to the Memory of Andrew Carnegie.* New York 1935, S. 60.

125 Die Zahl der Bibliotheken liegt bei weltweit bei 2,8 Millionen. Davon befinden sich 2,1 Millionen in Asien. Vgl. https://librarymap.ifla.org, zuletzt abgerufen am 12. Januar 2024.

schlossen ist. Sollte es jemals abgeschlossen sein, müsste ich mich freilich um eine neue Beschäftigung bemühen. Dieser Tag scheint jedoch, wie Sie sehen können, noch ziemlich weit weg.«[126]

Andrew Carnegie verkörperte einen Teil der Energie, die im Industriezeitalter aufgewendet wurde, um Bibliotheken als Gebäude in die Städte zu bringen. Inzwischen kann man ihn in diesem Kontext verstehen und muss ihn nicht zum ruhmsüchtigen Millionär stilisieren, wie das viele Zeitgenossen zu seinen Lebzeiten taten. Joseph Frazier Wall, ein eher nüchterner Biograf Carnegies, versuchte 1970, diese Legende zu relativieren.[127] Keiner seiner Zeitgenossen sprach Carnegie gänzlich von Eitelkeit und Arroganz frei, zugleich war seine Leutseligkeit und Geselligkeit bekannt. Humor bewies er ebenfalls, etwa wenn er seinem Kritiker Mark Twain, der ihn des Egoismus verdächtigte und spöttisch als »Heiligen Andreas« (*Saint Andrew*) anschrieb, unerschüttert antwortete, adressiert an den »Heiligen Markus« (*Saint Mark*).[128]

Wenn Carnegie bei seinen Zeitgenossen umstritten war, dann oft wegen seiner Philanthropie, die als widersprüchlich wahrgenommen wurde. Gerade Carnegies These, privat angehäufter Reichtum sei von der Gesellschaft geliehenes Geld, geriet früh in die Kritik. Der liberale Theologe William Jewett Tucker bezweifelte 1891 Carnegies

---

[126] Koch: *Carnegie Libraries*, S. 102: »I am in the library manufacturing business, and beg to be allowed to concentrate my time upon it until it is filled. If ever it is filled, I shall, of course, have to look out for other employment. That day, however, as you see, seems somewhat remote.«

[127] Wall: *Andrew Carnegie*, S. 823.

[128] Michael Lorenzen: *Deconstructing the Carnegie Libraries. The Sociological Reasons Behind Carnegie's Millions to Public Libraries*, https://www.lib.niu.edu/1999/il990275.html, zuletzt abgerufen am 12. Januar 2024.

soziale Interpretation des Reichtums. Für Tucker hieß es, die Welt auf den Kopf zu stellen, wenn man wie Carnegie fragte, wie großer Reichtum neu zu verteilen sei, anstatt zu fragen, wie man verhindern könne, dass Armut entstehe: »Die ethische Frage unserer Tage, da bin ich sicher, betrifft eher die Verteilung als die nachträgliche Umverteilung von Reichtum.«[129]

Achtzehn Jahre später hielt der amerikanische Journalist und Marxist Gustavus Myers über Carnegie Gericht und widmete ihm ein Kapitel seiner zweibändigen *Geschichte der großen amerikanischen Vermögen*, die 1909 und 1910 im Original und 1923 in deutscher Übersetzung erschien. Myers zeichnete unter der Überschrift »Das Carnegie-Vermögen. Der große Philanthrop« ein scharf konturiertes Doppelportrait der amerikanischen Industriearbeiterschaft einerseits und des Industriellen Carnegie andererseits. Myers sprach dabei auch von »sozialer Absolution«, also davon, dass Carnegie mit seinem Bibliotheksbauprogramm für seine Sünden als Kapitalist und Industrieller Buße tun wollte. Myers teilt und verallgemeinert diese populäre Auffassung: »Die Institutionen, die die Schenkungen der großen Kapitalisten annahmen, wurden dadurch der sozialen Ordnung, die diese großen Vermögen erzeugte, noch ergebener.« Myers wollte am Ende jedoch Carnegie nicht verurteilen und schrieb vorsichtig, er sei aus dem amerikanischen kapitalistischen System heraus zu verstehen. Was am Ende zähle, sei der »Gelderfolg« eines Individuums.[130]

---

129 William Jewett Tucker: *The Gospel of Wealth*, in: The Andover Review 15:90 (1891), S. 631–645, hier S. 645: »The ethical question of today centres, I am sure, in the distribution rather than the redistribution of wealth.«

130 Gustavus Myers: *Das Carnegie-Vermögen. Der große Philanthrop*. 2 Bände, Berlin 1923, Bd. 2, S. 677–742, bes. S. 678 und 742.

Die Ethik der sich selbst entwickelnden – und dadurch erfolgreichen – Individualität wird bei Carnegie kombiniert mit der Überzeugung, dass es sich bei der Bibliothek um eine nichtkommerzielle und kommunale Institution für die Freizeitgestaltung der arbeitenden Bevölkerung handelt. Dazu kommt die Wertschätzung des Bürgerstolzes auf ein – für alle kostenlos nutzbares – Haus mitten in der Stadt. Wenn also schon der junge Carnegie im *Memorandum* von 1868 bekannte, dass er seinen privaten Reichtum für die öffentliche Kultur einsetzen wollte und dass sein Vermögen als Spende an die arbeitenden Menschen zurückgegeben werden sollte, dann war das eigentlich nicht als Geschäft auf Gegenseitigkeit gedacht – es sei denn, man verstünde Anerkennung, Stolz, Dankbarkeit als symbolisches Kapital, das Carnegie auf seiner Seite verbuchen wollte.

Mit einem zu kurz gefassten Begriff von Carnegies Eigensinn musste auch Frank P. Walsh scheitern, der ihn 1915 vor einen von ihm geleiteten Ausschuss des amerikanischen Kongresses zitierte, um ihm und anderen Millionären sowohl die Ausbeutung der Arbeiterschaft anzulasten wie auch die Einmischung in staatliche Angelegenheiten in Sachen Bildung und Wissenschaft. Auf die Frage des gewerkschaftsfreundlichen Rechtsanwalts Walsh, ob Carnegie nicht fände, die Gewinne der Industrie müssten stärker durch Steuern abgeschöpft werden, gab ihm Carnegie zur Überraschung der zahlreichen Zuhörenden recht. Ebenso bejahte Carnegie die Frage Walshs, ob die philanthropische Förderung durch Millionäre nicht ein Übermaß angenommen habe. Das stimme, sagte Carnegie – und erntete Lacher im Publikum –, aber er könne nichts Schlechtes daran finden, Wissenschaft und Bildung aus privaten Mitteln zu fördern; es bleibe dem Staat unbenommen, seinerseits mehr zu tun.[131]

Bei diesem letzten öffentlichen Auftritt des 79-jährigen Carnegie waren keine äußerlichen Zeichen seines im Vorjahr erlittenen Schlaganfalls erkennbar und auch von Carnegies depressiver Stimmung aufgrund des Ersten Weltkriegs, den er leidenschaftlich hatte verhindern wollen, bekamen die Zuhörer nichts mit. Carnegie war in seinem Element, und der Sitzungsleiter gab es nach kurzer Zeit auf, seinen Redefluss begrenzen zu wollen. Das berichtete die Zeitung *New York Herald*, die in ihrem Editorial auch anmerkte, dass Carnegie die düstere und feierliche Stimmung, die bei den Auftritten von John D. Rockefeller Sr. und Henry Ford herrschte, durch gute Laune vertrieben habe.[132]

Die Erfolge der Bibliotheksbaupolitik Carnegies sind zweifellos dem amerikanischen Industrialismus und seiner Steuerpolitik wie auch den gesellschaftlichen Konstellationen in den rasch durch Immigration wachsenden Städten zuzurechnen. Der Export dieses Erfolges in die Länder des britischen Weltreichs wurde durch eine ähnliche Steuer- und Finanzkultur ermöglicht. Das Ergebnis war augenfällig: Bibliotheksgebäude bestimmten nunmehr die Innenstädte. Diese Baugeschichte begann vor Carnegie und ging nach ihm weiter, beschleunigte sich nach dem Zweiten Weltkrieg sogar weltweit.[133] Im Rückblick muss Carnegies Wirken deshalb als Verstärkung einer Entwicklung angesehen werden, durch die Bibliotheken zu Orten wurden,

---

[131] *Mr. Carnegies Testimony before United States Commission on Industrial Relations, February 5th, 1915*, in: New York Herald (6. Februar 1915), S. 27–29; vgl. Nasaw: *Andrew Carnegie*, S. 787.

[132] Ebd., S. 31–32.

[133] George S. Bobinski: *Libraries and Librarianship. Sixty Years of Challenge and Change, 1945–2005*. Toronto 2007, S. 104.

die nunmehr für die Zwecke des Lernens, des Studiums und der Bildung aus Eigeninitiative unabdingbar waren.

Bibliotheken als soziale Institutionen

Moderne Bibliotheken standen im 19. Jahrhundert primär dafür ein, dass sie die Nutzung förderten, wie das in Verlautbarungen der Erbauer und Förderer sowie der Stadtregierungen gelegentlich explizit gemacht wurde. Das hieß noch lange nicht, dass auch Bibliothekarinnen und Bibliothekare das widerspruchslos hinnahmen. Der Ökonom Alvin Johnson bemerkte in seinem Bericht über die Carnegie-Bibliotheken 1915 dazu Folgendes: »Die Public Library ist eine relativ neue Institution. […] Im Laufe der gegenwärtigen Untersuchung hat der Verfasser viele Mitglieder der Bibliotheksverwaltung und selbst Bibliothekare getroffen, für die es eine völlig ungewohnte Vorstellung war, dass die Bibliothek aktiv die Nachfrage nach Büchern stimulieren und steuern und sich für die Förderung von Kultur und Bildung Partner in der Gemeinde suchen soll.«[134]

Das war durchaus im Sinne Carnegies gesprochen sowie all derer, die für seine Bibliotheksbauten gut gelegene Grundstücke zur Verfügung stellten oder kauften, Bürgervertreter umstimmten, Presseleute gewannen, Resolutionen verfassten und die Bibliotheksangestellten beschäftigten. Wenn man also fragen will, welche Rolle Carnegie zu einem bestimmten historischen Zeitpunkt für die amerikanische

---

134 Johnson: *Report*, S. 14f.: »Now the free public library is a relatively new institution. […] In the course of the present inquiry the writer has encountered many library trustees, and even librarians, to whom it was a wholly novel idea that a library should actively engage in stimulating and directing the demand for books and should seek to cooperate with other forces in the community making for culture and intelligence.«

Bibliothekskultur spielte und was insbesondere seine Bauten für diese Kultur bedeuteten, dann muss man betonen, dass so die Langfristigkeit der kommunalen Bibliotheksaktivitäten gestärkt und gestützt wurde. Bibliotheken waren sichtbare Monumente bürgerschaftlicher Initiativen und städtische Institutionen. Hinzu kommt: Carnegie gab nicht hier und da Geld, sondern brachte Gebäude in die Fläche und bewirkte so, dass sich die Lebensbedingungen im Industriezeitalter an verschiedenen Orten anglichen. Nicht zuletzt hat Carnegie in Eröffnungsansprachen und Veröffentlichungen seine Motive auf lokaler Ebene zur Diskussion gestellt. Carnegie versteckte sich und sein mäzenatisches Handeln nicht, vielmehr hat er es strategisch entwickelt, gerechtfertigt und verteidigt. Er machte Bibliotheken zum Thema der Öffentlichkeit.

Carnegie erfand gewissermaßen den sachlichen Blick von außen auf diese Institution; er initiierte und prägte einen Diskurs über Bibliotheken, der diese bewarb und begründete. Von professionellen Bibliothekarinnen und Bibliothekaren hätte diese Rede so nicht geführt und als Plädoyer in eigener Sache niemals den gleichen Nachdruck besitzen können. Zwar gab es im frühen 20. Jahrhundert durchaus Bibliothekare mit programmatischer Mission. Die »modern library idea« – die Arthur Bostwick, Leiter der Saint Louis Public Library, 1910 proklamierte und die von John Cotton Dana, Leiter der Newark Public Library, sowie von Sidney Ditzion, Historiker am City College of New York, weiterentwickelt wurde[135] – konnte den Biblio-

---

[135] Arthur Elmore Bostwick: *The American Public Library*. New York 1910; John Cotton Dana: *Libraries. Addresses and Essays*. New York 1916; Sidney H. Ditzion: *Arsenals of a Democratic Culture. A Social History of the American Public Library Movement in New England and the Middle States from 1850 to 1900*. Chicago 1947.

theken in den USA jedoch nicht annähernd so viel Prestige verleihen wie die Vorstellungen eines Industriemagnaten.

Unbestritten war Carnegies Förderpolitik auch deshalb erfolgreich, weil die Entwicklung der Bibliotheken im 19. Jahrhundert überall nach größeren Gebäuden mit mehr Nutzungsfläche verlangte. Die Zahl gedruckter Bücher, Zeitschriften und Zeitungen vermehrte sich. Die Relevanz des Schriftlichen in allen Belangen des privaten wie des beruflichen Alltags erhöhte sich deutlich. Anforderungen an die Lesekultur stiegen allenthalben – sowohl für den Bereich der Sachbücher wie für den der Romane. In beiden Bereichen verzeichnete man einen verstärkten Literaturkonsum wie auch eine verstärkte alltägliche Texterfahrung.

Es bleibt aber ungenügend, den Bibliotheksbau im 19. Jahrhundert als Reaktion auf veränderte Umstände zu verstehen. Die nähere Beschäftigung mit Carnegies Förderpolitik kann helfen, den naiven Materialismus solcher Bibliotheksbegründungen in Frage zu stellen, der in vielen Verteidigungsreden der Lesekultur und der Bücherverehrung bis heute präsent ist. Die Position der Bibliotheken im Bildungssystem und in der Kultur der Ortschaften und Städte wurde nicht durch eine weltweite Sucht nach Romanlektüre gefestigt und nicht durch die global gesteigerte Druckkultur stabilisiert, obwohl auch diese Faktoren zur Entwicklung beitrugen. Bibliotheken als soziale Institutionen waren schon in der frühen Phase mehr als Kompensationsmechanismen für moderne Wissensgesellschaften.

Bibliotheken kann man etwa – auch dieser Gedanke findet sich bei Carnegie – aus den Notwendigkeiten der Ablenkung vom Alltag und der Erholung vom Arbeitsdruck, aus dem Bedürfnis nach Orientierung im Geiste, der Suche nach neuen Ideen und besseren Argumenten verstehen, und dazu zählt die den Alltag unterbrechende fiktionale Literatur. Carnegie war einer der wenigen, die sich nicht auf die weithin diskutierte moralische Frage einließen, welchen Schaden die Lektüre literarischer Werke zeitigen könnte. Bei einer Rede in San Francisco behauptete er 1901: »Nach meiner Ansicht ist die Meinung, welche an vielen Stellen gegen die schöne Literatur besteht, ein Vorurteil. Ich weiß, dass einige, ja sogar die meisten hervorragenden Männer, in einer guten Dichtung das beste Mittel für Genuss und Rast fanden. An Geist und Körper – und vor allem durch geistige Arbeit – erschöpft, ist nichts so erfrischend als die Lektüre eines guten Romans. Es zeugt durchaus von keinem Mißbrauch der öffentlichen Bibliotheken, wenn die Werke der schönen Literatur am meisten gelesen werden. Gerade im Gegenteil, es fragt sich, ob überhaupt eine andere Literaturgattung so gut dem wichtigen Zwecke dienen würde, hart Arbeitende aus dem prosaischen und trockenen Pflichtenkreise des Alltagslebens emporzuheben. Die Werke Walter Scotts, George Eliot's, Thackeray's, Dickens und anderer von gleicher Bedeutung haben für Arbeiter ebensoviel Wert, wie die jedes anderen Literaturzweiges.«[136]

---

[136] Andrew Carnegie: *Kaufmanns Herrschgewalt*. Berlin 1902, S. 84; vgl. Andrew Carnegie: *Empire of Business*. New York 1902, S. 84-85: »The feeling which prevails in some quarters against fiction is, in my opinion, only a prejudice. I know that some, indeed most, of the most eminent men find a good work of fiction one of the best means of enjoyment and of rest. When exhausted in mind and body, and especially in mind, nothing is so beneficial to them as to read a good novel. It is no disparagement of free libraries that most of the works read are works of fiction. On the contrary, it is doubtful if any other form of literature would so well serve the important end of lifting hard-working men out of the prosaic and routine duties of life. The works of Scott, Thackeray, Eliot, Dickens, Hawthorne, and others of the same class, are not to be rated below any other form of literature for workingmen.« Vgl. auch Andrew Carnegie: *Fifty Million Dollars for Housing Books. The Library Gift Business*, in: Collier's 43 (1909), S. 14f., wo Carnegie die Wichtigkeit von Romanen betont und auch hervorhebt, dass sie die zeitintensive Lektüre von Sachbüchern nicht verhindern. Vgl. auch Peter Mickelson: *American Society and the Public Library in the Thought of Andrew Carnegie*, in: The Journal of Library History 10 (1975), S. 117–138, besonders S. 125.

Carnegies hier artikulierter weiter Begriff des Lesens steht quer zu dem von seinen Zeitgenossen vertretenen Verdacht, schlechte Romane verführten die Leserinnen und Leser zu einem schlechten Lebenswandel. Zahl- und ergebnislos waren die Diskussionen im 19. Jahrhundert um die »richtige« und die »gute« Literatur, wobei den Bibliotheken oft die Aufgabe strenger Auswahl im Lichte erzieherischer Ziele eingeräumt wurde bzw. Bibliothekarinnen und Bibliothekare oft entsprechende Ambitionen bekundeten. Zusammengefasst wurden solche Ziele 1894 in der Ansprache des damaligen Präsidenten der American Library Association, Joseph Nelson Learned: »Unser Geschäft besteht darin, guten Büchern dazu zu verhelfen, jeden heimischen Herd zu erreichen, und jedes Kind und jedes Elternteil, die sich dort versammeln.«[137]

Gesellschaftliche Literaturbedürfnisse sind wohl unabdingbare Voraussetzung allen bibliothekarischen Tuns. Bibliotheken werden in ihrer »Antwort« auf solche Bedürfnisse erst zu sozialen Institutionen. Es hilft jedoch nicht, im Bibliotheksgeschehen – dem Ausleihen und der Lektüre im Lesesaal, dem Nachfragen nach Informationen und Hintergründen – fixe Wissensbestände zu unterstellen, die abgefragt und erkundet werden. Produktion, Distribution und Rezeption von Informationen findet in den modernen Bibliotheken durchaus statt. Wissen selbst hat schon dadurch soziale Implikationen, ist wichtig für Prüfungen und Karrieren; jenseits davon sind Bibliotheken allerdings

---

[137] Joseph Nelson Learned: *Presidential Address*, in: Arthur E. Aortwick (Hg.): *The Library and Society. Reprints of Papers and Addresses*. New York 1920, S. 411–418, hier S. 417: »It is our business to assume that the mission of good books […] can be pushed to every hearth, and to every child and parent who sits by it.«

nicht einfach mit Literatur- oder Wissensdienstleistungen zu identifizieren. Vielmehr muss man annehmen, dass in den Bibliotheken das verhandelt wird, was Individuen und was menschliche Gemeinschaften ausmacht und was ihnen Veränderungspotential verleiht. So wenig Lesen als Informationsaufnahme zureichend beschrieben ist, so wenig der Bibliotheksbesuch als Literaturkonsultation. Abigail Van Slyck, deren Buch über die Carnegie-Bibliotheken von 1995 zu den besten bibliothekshistorischen Arbeiten des 20. Jahrhunderts gehört, spricht von »Aushandlungsprozessen«. Sie macht diesen Begriff sogar dann fruchtbar, wenn sie die Architektur der Bibliotheken in den Blick nimmt: »Wir müssen alle Gebäude als Zeugnisse sozialer Prozesse in den Blick nehmen, durch die eine Vielfalt von Einstellungen in gegebenen sozialen und kulturellen Situationen ausgehandelt werden.«[138]

Was Van Slyck hier mit Bezug auf Carnegies Bauten sagt, lässt sich auch anders verstehen, wenn man – im digitalen Zeitalter – eine künftige Bibliotheksentwicklung ohne Gebäude für denkbar hält. Bibliotheksgebäude könnten selbst nämlich eine spezifische, historisch bestimmte Formatierung des Umgangs mit und des Auslebens von Lektüre sein. Der Blick aus dem 21. Jahrhundert auf die baulich grandiosen Bibliotheksjahrzehnte der Zeit um 1900 kann dazu verhelfen, vermeintliche Selbstverständlichkeiten einzuklammern und in Frage zu stellen, ob Bibliotheken als Büchermagazine ewig notwendig und als Lesesaalwelten für Menschen alternativlos sind.

---

138 Van Slyck: *Free to All*, S. XXI: »We must look at all buildings as evidence of social processes in which a variety of attitudes are negotiated in specific social and cultural settings.«

Bücherzirkulationen

Der Bauboom der Bibliotheken, der nach Carnegies Ableben 1919 unvermindert weiterging und bis heute anhält, führt unweigerlich dazu, großen Gebäuden große Beachtung zu schenken, wie auch den bibliothekarischen Netzwerken, die dadurch stabilisiert werden. Im Zeitalter der gedruckten Bücher und der gebundenen Bände fungieren Bibliotheksgebäude ganz offensichtlich wie Logistikzentren, wo Waren eingeliefert und ausgeliefert werden. Man findet allerdings in der Geschichte von Carnegies Bauförderungen auch Hinweise auf alternative Wege der Bücherzirkulation. Denn um Bücher auszuleihen, war und ist das Betreten einer Bibliothek keineswegs unumgänglich. Dass die Public Libraries relativ plötzlich und in großer Zahl auftauchten, heißt nicht, dass die Menschen zuvor ohne Bibliotheken lebten. Noch bevor sie in eigenen Gebäuden untergebracht wurden, existierten Bibliotheken in einer Form, die man provisorisch nennen möchte. Ein Fenster in die Zeit vor der Etablierung der Public Libraries öffnete 1968 der amerikanische Bibliothekshistoriker George Bobinski. Mit Blick auf die Zustände in kleineren Orten der USA berichtete er im Abstand von einem Jahrhundert: »Einige Bibliotheken der Zeit fanden sich an eher ungewöhnlichen Orten. Ein Hutgeschäft in Clay Centre, Nebraska; eine baufällige Holzhütte in Dillon, Montana; das Krankenhaus in Dunkirk, New York; eine Druckerei in Grandview, Indiana; das Balkonbüro einer Apotheke in Malta, Montana; der Pferdestall der Feuerwehr in Marysville, Ohio; das Empfangszimmer eines Arztes in Olathe, Kansas; eine alte, stillgelegte Kirche in Onswa, Iowa; ein Zimmer im Opernhaus von Sanborn, Iowa; drei kleine Räume über dem

Fleischmarkt von Vienna, Illinois – all dies sind typische Beispiele für den Erfindungsreichtum der Dorfbewohner, wenn es darum ging, lokale Bibliotheken einzurichten.«[139]

Alle von Bobinski angegebenen Orte wurden zwischen 1902 und 1917 mit öffentlichen Bibliotheken ausgestattet und bekamen ein von Carnegie finanziertes Gebäude: Clay Centre im Jahr 1915, Dillon im Jahr 1902, Dunkirk 1904, Grandview 1917, Malta 1917, Marysville 1906, Olathe 1909, Onswa 1907, Sanborn 1911 und Vienna 1908.[140] Dieser Übergang provisorischer in fest gebaute Verhältnisse war weitverbreitet, aber nicht vollständig, denn mancherorts hatten provisorische Bibliotheksbehausungen längeren Bestand. Wo es jeweils genügend zahlende Abonnenten gab, konnten Leihbibliotheken florieren. Denn mit sehr wenigen Ausnahmen galt als Prinzip der nicht aus Steuern geförderten Bibliotheken, dass sie (jährliche oder ausleihbezogene) Gebühren erhoben. Die Zirkulation von Büchern über private Leih- oder Vereinsbibliotheken wird im amerikanischen Ausdruck der *social library* zusammengefasst. Das waren lokal betriebene Bibliotheken, oft aus Privathaushalten heraus, die sich nicht nur in den östlichen Staaten der USA fanden, sondern auch im Mittleren Westen, wo die Historikerin Susan Swetnam 78 von Carnegie finanzierte Bibliotheksgebäude gefunden hat, von denen 59 zuvor

---

[139] Bobinski: *Carnegie Libraries*, S. 34: »Some contemporary libraries were located in rather unusual places. A millinery shop in Clay Centre, Nebraska; a decrepit wooden shack in Dillon, Montana; the hospital in Dunkirk, New York; a printing shop at Grandview, Indiana; the balcony office of a drugstore in Malta, Montana; a building housing the horses of the fire department at Marysville, Ohio; a physician's reception room in Olathe, Kansas; an old, abandoned church in Onswa, Iowa; a room in the opera house of Sanborn, Iowa; three small rooms over a meat market at Vienna, Illinois – all were typical examples of the ingenuity of townspeople in their efforts to establish local libraries.«

[140] Angaben nach Jones: *Carnegie Libraries*, S. 127–166.

bereits als aktive Bibliotheken existierten, von denen wiederum 31 zuerst in den Händen von Frauenclubs (*women's club projects*) lagen.[141]

Die Erinnerung an solche Social Libraries ist in den gängigen Bibliotheksgeschichten marginalisiert. Jüngere Forschungen zeigen, dass Vorträge und andere öffentliche Veranstaltungen dort stattfanden, also ein ähnliches Programmangebot existierte, wie es später die Vortragssäle der Public Libraries ermöglichten. Ähnlich in die Vergessenheit geraten ist eine andere Vorform der Public Libraries, die *mechanics' institutes* oder *mercantile libraries*, von denen es sowohl in den USA wie im Vereinigten Königreich Mitte des 19. Jahrhunderts viele Hundert gab.[142] Diese ausbildungs- und berufsbezogenen Büchersammlungen waren Teil des in allen Bereichen der Gesellschaft regen Vereinslebens. In Lokalgeschichten liest man öfter von der späteren Amalgamierung solcher Vereinsbibliotheken und ihres Bücherbestandes mit den Public Libraries. Deren Durchsetzung ist vom Vergessen und Verschweigen der weniger und schwächer institutionalisierten Bücherzirkulationen begleitet.

Es existierte in den USA jedoch eine andere Vorform der Public Library, die von dieser weder verschluckt noch einfach ersetzt wurde: die Wanderbibliotheken. Damit sind schon in der ersten Hälfte des 19. Jahrhunderts hier und da

---

141 Swetnam: *Books, Bluster, and Bounty*, S. 34.

142 Sydney Ditzion: *Mechanics' and Mercantile Libraries*, in: Michael H. Harris (Hg.): *Reader in American Library History*. Washington, D.C. 1971, S. 72–82; Joan Edmondson: *Mechanics' Institutes and Public Libraries*, in: W. A. Munford: *Penny Rate. Aspects of British Public Library History 1850–1950*. London 1951 (Nachdruck 1967), S. 132–146.

betriebene *traveling libraries* gemeint, die Netzwerke mit kleiner und mittlerer Reichweite darstellten und Menschen in schwach besiedelten Gegenden mit Büchern versorgten. Das Modell für diese Bewegungsform des ländlichen Bibliotheksgeschehens waren als Klub oder aus Privathäusern heraus betriebene Büchersammlungen. So schickte die Utah Federation of Women's Clubs regelmäßig acht Bücherkisten auf Reisen.[143] Behältnisse mit 50 oder 100 Büchern wurden per Bahn oder Kutsche ausgeliefert und nach einer Frist – meist sechs Monate – abgeholt und durch Kisten mit neuem Inhalt ausgetauscht. Wanderbibliotheken waren oft der einzige Weg, Leserinnen und Leser an entlegenen Orten zu erreichen.[144]

Wenn Public Libraries diesen Versandservice übernahmen, geschah das wiederum in unterschiedlicher Weise. So setzte man etwa in Norfolk, Virginia, auf die Eisenbahn (Abb. 14), während man in Hagerstown, Maryland, mit der Pferdekutsche auslieferte (Abb. 15). Bekannt sind die Wanderbibliotheken, die Melvil Dewey in der Hauptstadt des Staates New York, Albany, ins Laufen brachte, nachdem er 1893 dort Direktor der Staatsbibliothek geworden war. Mit einhundert Kisten begann er; nach kurzer Zeit waren es schon über dreihundert. Die Bibliothekarin Lutie Sterns organisierte in der Milwaukee Public Library 1896 die erstaunliche Anzahl von 1.400 Bücherkisten. Der Bibliothekar der Los Angeles Public Library, Charles Fletcher

---

[143] Suzanne M. Stauffer: *A Good Social Work. Women's Clubs, Libraries, and the Construction of a Secular Society in Utah, 1890–1920*, in: Libraries and the Cultural Record 46 (2011), S. 135–155, hier S. 144.

[144] Griffis: *A Separate Place*, S. 3.

Lummis, notierte 1907 in seinen Berichten immer wieder, wie wichtig ihm die Bücherkistenlieferungen seien.[145] Es bleibt eine bibliothekshistorische Aufgabe der Zukunft, die Formen der mobilen Bücherlieferungen in einem globalen Überblick zusammenzustellen, der nicht nur deswegen wichtig wäre, weil damit ein den Bibliotheksbauten vorgängiges Modell der Literaturversorgung eingeholt würde, sondern auch, weil bis heute in vielen Ländern solche Distributionsformen parallel zu stationären Dienstleistungen gängig sind, man denke an die Bücherbusse.

Andrew Carnegie hat umfangreich in das amerikanische Bibliothekswesen investiert; ohne ihn hätte es Tausende von modernen Bibliotheksgebäuden nicht oder erst sehr viel später gegeben. Sein Förderprogramm wurde durch seinen Privatsekretär John Bertram wie ein privates Unternehmen organisiert, nicht wie in anderen Kulturbereichen durch Stiftungsgremien gesteuert. Klare Regelungen und festgelegte Entscheidungskriterien gab es gleichwohl; Willkür sollte weitgehend ausgeschlossen werden. Erkennbar war Andrew Carnegie an Bibliotheken als Institutionen der kommunalen Kultur interessiert, ohne viel mehr dazu zu sagen als durch das öfter gegebene Stichwort der »Hilfe zur Selbsthilfe« ausgedrückt. Free Public Libraries waren für Carnegie Selbstverständlichkeiten der modernen Welt, und so förderte er effektive Bibliotheksbauten einerseits als ein Produkt, das sich der Sache nach nicht von dem Stahl unter-

---

145 Wayne A. Wiegand: *Irrepressible Reformer. A Biography of Melvil Dewey*. Chicago 1996, S. 198–203; Christine Pawley: *Advocate for Access. Lutie Stearns and the Traveling Libraries of the Wisconsin Free Library Commission 1893–1914*, in: Libraries and Culture 35 (2000), S. 434–458; Van Slyck: *Free to All*, S. 198; Charles Fletcher Lummis: Reports 1905–1910, im Archiv der Los Angeles Public Library, zugänglich in der Central Library: Report vom 20. Februar 1907; Stauffer: *A Good Social Work*, S. 135–155.

schied, den er als Industriemagnat herstellen und vermarkten ließ.

Carnegies Engagement bezeugt andererseits, dass es einen Blick von außen auf Bibliotheken gab, dass sie als kommunale Projekte mehr Wert besaßen als nur im Blick auf die Literatur, die sie zugänglich machten. Die frühe Geschichte der Public Libraries zeigt, dass Bibliotheken im Fokus der Öffentlichkeit standen, dass sie umstritten sein konnten und gelegentlich auch abgelehnt wurden. Diese Selbstverständlichkeit, umstritten sein zu können, ist – historisch gesehen – durch das Engagement Carnegies zutage getreten. Der Industrielle und Kapitalist wurde als Bibliotheksförderer Anlass für in der Öffentlichkeit ausgetragene Auseinandersetzungen. Bis heute flammt in den USA die Debatte, was genau Bibliotheken tun und wie genau die Gemeinden, aus denen ihre Nutzerinnen und Nutzer kommen, dieses Tun kontrollieren oder sogar diktieren sollen, heftiger auf als anderswo in der Welt.[146]

So hilft unser Blick auf Carnegie zu erkennen, dass Bibliotheken nicht nur als Teil der Bildungs- und Fortbildungskultur gesellschaftliche Einrichtungen sind, sondern dass sie auch durch ihre stationären Monumente – die Bibliotheksgebäude – und über ihre dynamischen Kommunikationen – die Zirkulation von gedruckten Texten – an Veränderungen sozialer Art teilhaben und darin eine Rolle spielen. Der soziale Status der Bibliotheken geht – wie man in den USA am besten sehen kann – über das professionelle Handeln der Bibliothekarinnen und Bibliothekare hin-

---

146 Vgl. Ulrich Johannes Schneider: *Die Öffentlichkeit von Bibliotheken in den USA*, in: *Büchereiperspektiven* 1/2023, S. 38–40.

aus; er müsste von den Erwartungen, die Menschen an Bibliotheken herantragen, und aus den Erfahrungen, die sie dort machen, rekonstruiert werden. Und wo das nicht möglich ist, stehen die Gebäude bereit für unsere Analyse des Problems, warum die Lektüre in eigens dafür hergerichteten Räumen in den letzten gut 150 Jahren so stark nachgesucht wurde und immer noch wird. Denn man täusche sich nicht: Weiterhin sind wir nicht in der Lage, kurz und knapp zu sagen, warum Menschen in Bibliotheken gehen.

V. Abbildungen

Die Abbildungen zu diesem Essay sind historische Zeugnisse der frühen Geschichte der amerikanischen Public Library und entstammen dem Band des Bibliothekars der University of Michigan, Theodore Wesley Koch: *A Portfolio of Carnegie Libraries.* Ann Arbor 1907.

Sämtliche 120 Bildtafeln hat Koch in einem späteren Text-Bildband reproduziert, ohne Nummern und in geänderter Reihenfolge; vgl. T. W. Koch: *A Book of Carnegie Libraries*, New York 1917 (364 Seiten). Koch war damals an der Kongressbibliothek tätig.

Für die Reproduktionen der Abbildungen geht Dank an die Bayerische Staatsbibliothek München und an die Universitätsbibliothek Leipzig.

Abb. 1: Warteschlange vor der Buchausgabe, Public Library in Washington, D.C. Eingeweiht 1903, Architekten Ackerman & Ross, Kosten $350.000 [Koch 1907, Tafel 47]

Abb. 2: Andrew Carnegie in seiner New Yorker Privatbibliothek; Foto: Frances B. Johnston, 1905 [Koch 1907, Tafel 1]

Abb. 3: City Hall Square und Carnegie Library in Allegheny, Pennsylvania. Eingeweiht 1890, Architekten Smithmeyer & Pelz, Kosten $481.012; Foto: Detroit Publishing Company, 1905 [Koch 1907, Tafel 3]

Abb. 4: Modell der Skulptur »The Working Man« [alternativer Titel »Labor reading«], platziert vor der Allegheny Public Library, Pennsylvania, aufgestellt 1904, Bildhauer: Daniel Chester French; Foto: A. B. Bogart, New York City [Koch 1907, Tafel 6]

Abb. 5: Lesesaal für Farbige [im Original »Colored People«] der Public Library in Jacksonville, Florida; Foto: Havens [Koch 1907, Tafel 57]

Abb. 6: Public Library in Atlanta, Georgia. Eingeweiht 1902, Architekten Ackerman & Ross, Kosten $175.000; Foto: Library Bureau [Koch 1907, Tafel 49]

Abb. 7: Public Library in Tuskegee, Alabama. Eingeweiht 1901, Architekten R. R. Taylor, Kosten $25.000; Foto: Frances B. Johnston [Koch 1907, Tafel 59]

Abb. 8: Public Library in Washington D.C. Eingeweiht 1903, Architekten Ackerman & Ross, Kosten $350.000; Foto: Frank M. Boteler [Koch 1907, Tafel 45]

Abb. 9: Carnegie Institute Pittsburgh, Pennsylvania. Eingeweiht 1895, erweitert 1907, Architekten Alden & Harlow, Kosten $1.000.000; Foto: R. W. Johnston [Koch 1907, Tafel 61]

Abb. 10: Stadtteilbibliothek 125. Straße, New York City, New York. Eingeweiht 1904, Architekten McKim, Mead & White; Foto: The Tonnele Company [Koch 1907, Tafel 9]

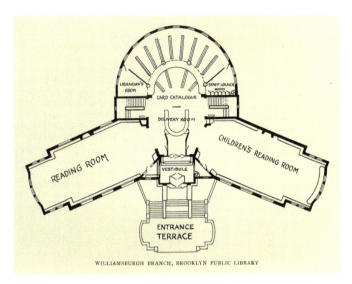

Abb. 11: Stadtteilbibliothek Williamsburg, Brooklyn, New York City, New York. Eingeweiht 1905, Architekten Walker & Morris, Kosten $114.000 [Koch 1907, Tafel 20]

Abb. 12: Stadtteilbibliothek Broadway, Cleveland, Ohio, Kinderlesesaal. Eingeweiht 1907, Architekten Charles Morris, mit Lehman & Schmidt [Koch 1907, Tafel 76]

Abb. 13: Monticello, Iowa. Eingeweiht 1903, Architekten Patton & Miller, Kosten $10.000; Foto: C. Page [Koch 1907, Tafel 93]

Abb. 14: Wanderbibliotheken für den Transport durch das Eisenbahnunternehmen Seaboard Air Line, Norfolk, Virginia [Koch 1907, Tafel 52]

Abb. 15: Kutsche einer Wanderbibliothek der Washington County Library in Hagerstown, Maryland; Betrieb gefördert durch Carnegie mit $25.000 [Koch 1907, Tafel 48]

Danksagung

Forschungen zur amerikanischen Bibliotheksgeschichte konnte ich, nach Vorbereitungen in Leipzig seit 2018, als Fellow am Thomas Mann House (TMH) in Pacific Palisades 2022 konzentriert angehen. Ich danke, stellvertretend für alle dort hilfreich Tätigen, dem Programmdirektor Benno Herz. Neben den reichen Bibliotheken in Los Angeles haben mir insbesondere Gespräche auf einem am TMH organisierten Workshop mit dem Architekturhistoriker Kenneth Breisch und der Bibliothekshistorikerin Abigail Van Slyck wertvolle Anregungen gegeben.

Ausgearbeitet habe ich den Essay 2023 im Rahmen eines Fellowships am Internationalen Forschungszentrum Kulturwissenschaften (IFK) in Wien.

Für Korrekturen einer ersten Textfassung danke ich aufrichtig Jill Bepler, Oskar Blumtritt, Ingeborg Ermer, Michael Knoche, Heiko Pollmeier und Helmut Zedelmaier. Außerdem haben Karin Aleksander und Dirk van Laak wertvolle Hinweise zur Verbesserung gegeben, ebenso wie Hannes Kerber, mit dem zusammen ich die letzte Fassung erstellte, unter Mitwirkung von Fabian Brandt.

Der Carl Friedrich von Siemens Stiftung bin ich für die Aufnahme in ihre Buchreihe zu großem Dank verbunden.

Berlin, den 27. April 2024

Ulrich Johannes Schneider

Weiterführende Literatur des Autors

Selbständige Publikationen

Atmen beim Lesen. Bibliotheken im Industriezeitalter. Wien 2024 (im Druck).

Der Finger im Buch. Die unterbrochene Lektüre im Bild. Wien 2020.

Weitere Publikationen und Interventionen siehe www.ujschneider.de.

Veröffentlichungen zum Thema des Vortrags

Die Öffentlichkeit von Bibliotheken in den USA (Online-Text), in: Geschichte der Gegenwart (https://geschichtedergegenwart.ch/), März 2024.

Libraries as Democratic Spaces (Podcast), in: 55 Voices for Democracy (https://www.vatmh.org/de/the-podcast-55-voices-for-democracy.html), Juli 2022.

Sammlungseifer und Provenienzvergessen, in: Jens Brüning / Ulrich Raulff (Hg.): *Die unsichtbare Sammlung.* Berlin 2021, S. 108–120.

Lesen als Arbeiten in der Bibliothek, in: Achim Bonte / Julian Rehnolt (Hg.): *Kooperative Informationsinfrastrukturen als Chance und Herausforderung.* Berlin 2018, S. 277–288.

Die Bibliothek als Wissensraum, in: Jürgen Mittelstraß / Ulrich Rüdiger (Hg.): *Die Zukunft der Wissensspeicher. Forschen, Sammeln und Vermitteln im 21. Jahrhundert.* Konstanz 2016, S. 147–159.

Die Geburt des Lesesaals, in: Robert Felfe / Kirsten Wagner (Hg.): *Museum, Bibliothek, Stadtrau. Räumliche Wissensordnungen 1600-1900.* Berlin 2010, S. 153–171.

THEMEN – Eine Publikationsreihe der Carl Friedrich von Siemens Stiftung

In der Reihe *Themen* wird eine kleine Auswahl der im Wissenschaftlichen Programm der Carl Friedrich von Siemens Stiftung gehaltenen Vorträge in überarbeiteter und erweiterter Form veröffentlicht. Die Publikationen können über die Stiftung direkt und kostenlos bezogen werden. Vergriffene Bände sind mit dem Vermerk *vgr* gekennzeichnet.

1 Reinhard Raffalt: *Das Problem der Kontaktbildung in der zeitgenössischen Gesellschaft.* 1960. 2. Auflage 1970. 20 S. *vgr*
2 Kurd von Bülow: *Über den Ort des Menschen in der Geschichte der Erde.* 1961. 2. Auflage 1970. 32 S. *vgr*
3 Albert Maucher: *Über das Gespräch.* 1961. 2. Auflage 1970. 22 S. *vgr*
4 Felix Messerschmid: *Das Problem der Planung im Bereich der Bildung.* 1961. 2. Auflage 1970. 34 S. *vgr*
5 Peter Dürrenmatt: *Das Verhältnis der Deutschen zur Wirklichkeit der Politik.* 1963. 2. Auflage 1970. 40 S. *vgr*
6 Fumio Hashimoto: *Die Bedeutung des Buddhismus für den modernen Menschen.* 1964. 2. Auflage 1970. 36 S. *vgr*
7 Clemens-August Andreae: *Leben wir in einer Überflußgesellschaft?* 1965. 2. Auflage 1970. 28 S. *vgr*
8 Rolf R. Bigler: *Möglichkeiten und Grenzen der Psychologischen Rüstung.* 1965. 2. Auflage 1970. 35 S.
9 Robert Sauer: *Leistungsfähigkeit von Automaten und Grenzen ihrer Leistungsfähigkeit.* 1965. 2. Auflage 1970. 32 S. *vgr*
10 Hubert Schrade: *Die Wirklichkeit des Bildes.* 1966. 66 S. *vgr*
11 Wilhelm Lehmann: *Das Drinnen im Draußen oder Verteidigung der Poesie.* 1968. 24 S. *vgr*
12 Richard Lange: *Die Krise des Strafrechts und seiner Wissenschaften.* 1969. 46 S. *vgr*
13 Hellmut Diwald: *Ernst Moritz Arndt. Das Entstehen des deutschen Nationalbewußtseins.* 1970. 46 S. *vgr*
14 *Zehn Jahre Carl Friedrich von Siemens Stiftung.* 1970. 54 S. *vgr*
15 Ferdinand Seibt: *Jan Hus. Das Konstanzer Gericht im Urteil der Geschichte.* 1973. 58 S. *vgr*
16 Heinrich Euler: *Napoleon III. Versuch einer Deutung.* 1973. 82 S. *vgr*

17 Günter Schmölders: *Carl Friedrich von Siemens. Vom Leitbild des großindustriellen Unternehmers.* 1973. 64 S. *vgr*

18 Ulrich Hommes: *Entfremdung und Versöhnung. Zur ideologischen Verführung des gegenwärtigen Bewußtseins.* 1973. 50 S. *vgr*

19 Dennis Gabor: *Holographie 1973.* 1974. 52 S.

20 Wilfried Guth: *Geldentwertung als Schicksal?* 1974. 44 S.

21 Hans-Joachim Queisser: *Festkörperforschung.* 1975. 2. Auflage 1976. 64 S. *vgr*

22 Ekkehard Hieronimus: *Der Traum von den Urkulturen.* 1975. 2. Auflage 1984. 54 S. *vgr*

23 Julien Freund: *Georges Sorel.* 1977. 76 S. *vgr*

24 Otto Kimminich: *Entwicklungstendenzen des gegenwärtigen Völkerrechts.* 1976. 2. Auflage 1977. 52 S.

25 Hans-Joachim Hoffmann-Nowotny: *Umwelt und Selbstverwirklichung als Ideologie.* 1977. 42 S. *vgr*

26 Franz C. Lipp: *Eine europäische Stammestracht im Industriezeitalter. Über das Vorder- und Hintergründige der bayerisch-österreichischen Trachten.* 1978. 43 S. *vgr*

27 Christian Meier: *Die Ohnmacht des allmächtigen Dictators Caesar.* 1978. 108 S. *vgr*

28 Stephan Waetzoldt und Alfred A. Schmid: *Echtheitsfetischismus? Zur Wahrhaftigkeit des Originalen.* 1979. 72 S. *vgr*

29 Max Imdahl: *Giotto. Zur Frage der ikonischen Sinnstruktur.* 1979. 60 S. *vgr*

30 Hans Frauenfelder: *Biomoleküle. Physik der Zukunft?* 1980. 2. Auflage 1984. 53 S. *vgr*

31 Günter Busch: *Claude Monet »Camille«. Die Dame im grünen Kleid.* 1981. 2. Auflage 1984. 50 S.

32 Helmut Quaritsch: *Einwanderungsland Bundesrepublik Deutschland? Aktuelle Reformfragen des Ausländerrechts.* 1981. 2. Auflage 1982. 92 S. *vgr*

33 Armand Borel: *Mathematik: Kunst und Wissenschaft.* 1982. 2. Auflage 1984. 58 S. *vgr*

34 Thomas S. Kuhn: *Was sind wissenschaftliche Revolutionen?* 1982. 2. Auflage 1984. 62 S. *vgr*

35 Peter Claus Hartmann: *Karl VII.* 1982. 2. Auflage 1984. 60 S.

36 Frédéric Durand: *Nordistik. Einführung in die skandinavischen Studien.* 1983. 104 S. *vgr*

37 Hans-Martin Gauger: *Der vollkommene Roman: »Madame Bovary«.* 1983. 2. Auflage 1986. 70 S. *vgr*

38 Werner Schmalenbach: *Das Museum zwischen Stillstand und Fortschritt.* 1983. 47 S.

39 Wolfram Eberhard: *Über das Denken und Fühlen der Chinesen.* 1984. 2. Auflage 1987. 48 S. *vgr*

40 Walter Burkert: *Anthropologie des religiösen Opfers.* 1984. 2. Auflage 1987. 64 S. *vgr*

41 Christopher Freeman: *Die Computerrevolution in den langen Zyklen der ökonomischen Entwicklung.* 1985. 57 S. *vgr*

42 Benno Hess und Peter Glotz: *Mensch und Tier. Grundfragen biologisch-medizinischer Forschung.* 1985. 60 S. *vgr*

43 Hans Elsässer: *Die neue Astronomie.* 1986. 64 S. *vgr*

44 Ernst Leisi: *Naturwissenschaft bei Shakespeare.* 1988. 124 S. *vgr*

45 Dietrich Murswiek: *Das Staatsziel der Einheit Deutschlands nach 40 Jahren Grundgesetz.* 1989. 56 S. *vgr*

46 François Furet: *Zur Historiographie der Französischen Revolution heute.* 1989. 50 S. *vgr*

47 Ernst-Wolfgang Böckenförde: *Zur Lage der Grundrechtsdogmatik nach 40 Jahren Grundgesetz.* 1990. 86 S. *vgr*

48 Christopher Bruell: *Xenophons Politische Philosophie.* 1990. 2. Auflage 1994. 71 S. *vgr*

49 Heinz-Otto Peitgen und Hartmut Jürgens: *Fraktale. Gezähmtes Chaos.* 1990. 70 S. mit 25 Abb. und 4 Farbtafeln. *vgr*

50 Ernest L. Fortin: *Dantes »Göttliche Komödie« als Utopie.* 1991. 62 S. mit 8 Abb. *vgr*

51 Ernst Gottfried Mahrenholz: *Die Verfassung und das Volk.* 1992. 58 S. *vgr*

52 Jan Assmann: *Politische Theologie zwischen Ägypten und Israel.* 1992. 2. Auflage 1995. 122 S., erweiterte Auflage 2006. 138 S. 4. Auflage 2017. 140 S.

53 Gerhard Kaiser: *Fitzcarraldo Faust. Werner Herzogs Film als postmoderne Variation eines Leitthemas der Moderne.* 1993. 74 S. mit 1 Abb. *vgr*

54 Paul A. Cantor: *»Macbeth« und die Evangelisierung von Schottland.* 1993. 88 S.

55 Walter Burkert: *»Vergeltung« zwischen Ethologie und Ethik.* 1994. 48 S. *vgr*

56 Albrecht Schöne: *Fausts Himmelfahrt. Zur letzten Szene der Tragödie.* 1994. 40 S. *vgr*

57 Seth Benardete: *On Plato's »Symposium« – Über Platons »Symposion«.* 1994. 2. Auflage 1999. 106 S. 3. Auflage 2012. 110 S. mit einer Farbausschlagtafel.

58 Yosef Hayim Yerushalmi: *»Diener von Königen und nicht Diener von Dienern«. Einige Aspekte der politischen Geschichte der Juden.* 1995. 62 S. *vgr*

59 Stefan Hildebrandt: *Wahrheit und Wert mathematischer Erkenntnis.* 1995. 60 S. mit 12 Abb.

60 Dieter Grimm: *Braucht Europa eine Verfassung?* 1995. 58 S. *vgr*

61 Horst Bredekamp: *Repräsentation und Bildmagie der Renaissance als Formproblem.* 1995. 84 S. mit 32 Abb. *vgr*

62 Paul Kirchhof: *Die Verschiedenheit der Menschen und die Gleichheit vor dem Gesetz.* 1996. 80 S. *vgr*

63 Ralph Lerner: *Maimonides' Vorbilder menschlicher Vollkommenheit.* 1996. 50 S. mit 5 Abb.

64 Hasso Hofmann: *Bilder des Friedens oder Die vergessene Gerechtigkeit. Drei anschauliche Kapitel der Staatsphilosophie.* 1997. 2. Auflage 2008. 98 S. mit 36 Abb.

65 Ernst-Wolfgang Böckenförde: *Welchen Weg geht Europa?* 1997. 60 S. *vgr*

66 Peter Gülke: *Im Zyklus eine Welt. Mozarts letzte Sinfonien.* 1997. 64 S. mit 2 Abb. und 9 Notenbeispielen. 2. Auflage 2015. 76 S. mit 2 Abb. und 11 Notenbeispielen.

67 David E. Wellbery: *Schopenhauers Bedeutung für die moderne Literatur.* 1998. 70 S.

68 Klaus Herding: *Freuds »Leonardo«. Eine Auseinandersetzung mit psychoanalytischen Theorien der Gegenwart.* 1998. 80 S. mit 7 Abb. *vgr*

69 Jürgen Ehlers: *Gravitationslinsen. Lichtablenkung in Schwerefeldern und ihre Anwendungen.* 1999. 58 S. mit 15 Abb. und 4 Farbtafeln.

70 Jürgen Osterhammel: *Sklaverei und die Zivilisation des Westens.* 2000. 2. Auflage 2009. 74 S. mit 1 Abb.

71 Lorraine Daston: *Eine kurze Geschichte der wissenschaftlichen Aufmerksamkeit.* 2001. 60 S. mit 7 Abb. *vgr*

72 John M. Coetzee: *The Humanities in Africa – Die Geisteswissenschaften in Afrika.* 2001. 98 S.

73 Georg Kleinschmidt: *Die plattentektonische Rolle der Antarktis.* 2001. 86 S. mit 20 Abbildungen, 16 Farbtafeln und einer Ausschlagtafel.

74 Ernst Osterkamp: *»Ihr wisst nicht wer ich bin« – Stefan Georges poetische Rollenspiele.* 2002. 60 S. mit 5 Abb.

75 Peter von Matt: *Ästhetik der Hinterlist. Zu Theorie und Praxis der Intrige in der Literatur.* 2002. 62 S.

76 Seth Benardete: *Socrates and Plato. The Dialectics of Eros – Sokrates und Platon. Die Dialektik des Eros.* 2002. 98 S. mit 1 Abb.

77 Robert Darnton: *Die Wissenschaft des Raubdrucks. Ein zentrales Element im Verlagswesen des 18. Jahrhunderts.* 2003. 82 S. mit 3 Abb.
78 Michael Maar: *Sieben Arten, Nabokovs »Pnin« zu lesen.* 2003. 74 S.
79 Michael Theunissen: *Schicksal in Antike und Moderne.* 2004. 72 S. 2. Auflage 2017. 74 S.
80 Paul Zanker: *Die Apotheose der römischen Kaiser. Ritual und städtische Bühne.* 2004. 86 S. mit 31 Abb.
81 Glen Dudbridge: *Die Weitergabe religiöser Traditionen in China.* 2004. 64 S. mit 8 Farbtafeln.
82 Heinrich Meier: *»Les rêveries du Promeneur Solitaire«. Rousseau über das philosophische Leben.* 2005. 68 S. 3. Auflage 2022. 74 S. mit 12 Abb.
83 Jean Bollack: *Paul Celan unter judaisierten Deutschen.* 2005. 70 S.
84 Rudolf Smend: *Julius Wellhausen. Ein Bahnbrecher in drei Disziplinen.* 2006. 72 S. mit 4 Tafeln.
85 Martin Mosebach: *Die Kunst des Bogenschießens und der Roman. Zu den »Commentarii« des Heimito von Doderer.* 2006. 74 S. mit 13 Abb.
86 Ernst-Wolfgang Böckenförde: *Der säkularisierte Staat. Sein Charakter, seine Rechtfertigung und seine Probleme im 21. Jahrhundert.* 2007. 82 S. 2. Auflage 2015
87 Marie Theres Fögen: *Das Lied vom Gesetz.* 2007. 140 S. mit 5 Abb. 2. Auflage 2022. 142 S. mit 5 Abb.
88 Helen Vendler: *Primitivismus und das Groteske. Yeats' »Supernatural Songs«.* 2007. 88 S. mit 8 Abb.
89 Winfried Menninghaus: *Kunst als »Beförderung des Lebens«. Perspektiven transzendentaler und evolutionärer Ästhetik.* 2008. 70 S.
90 Horst Bredekamp: *Der Künstler als Verbrecher. Ein Element der frühmodernen Rechts- und Staatstheorie.* 2008. 90 S. mit 25 Abb.
91 Horst Dreier: *Gilt das Grundgesetz ewig? Fünf Kapitel zum modernen Verfassungsstaat.* 2009. 128 S. mit 6 Abb.
92 Ernst Osterkamp: *Die Pferde des Expressionismus. Triumph und Tod einer Metapher.* 2010. 74 S. mit 10 Abb.
93 Gerhard Neumann: *Verfehlte Anfänge und offenes Ende. Franz Kafkas poetische Anthropologie.* 2011. 88 S.
94 Jürgen Stolzenberg: *»Seine Ichheit auch in der Musik heraustreiben«. Formen expressiver Subjektivität in der Musik der Moderne.* 2011. 102 S.
95 Heinrich Detering: *Die Stimmen aus dem Limbus. Bob Dylans späte Song Poetry.* 2012. 62 S.

96 Richard G. M. Morris: *Lernen und Gedächtnis. Neurobiologische Mechanismen.* 2013. 80 S. mit 7 Abb.

97 Jan Wagner: *Ein Knauf als Tür. Wie Gedichte beginnen und wie sie enden.* 2014. 80 S.

98 Walter Werbeck: *Richard Strauss. Facetten eines neuen Bildes.* 2014. 92 S. mit 6 Abb.

99 Karl Schlögel: *Archäologie des Kommunismus oder Russland im 20. Jahrhundert. Ein Bild neu zusammensetzen.* 2014. 120 S. mit 15 Abb.

100 Ronna Burger: *On Plato's »Euthyphro« – Über Platons »Euthyphron«.* 2015. 124 S.

101 Andreas Voßkuhle: *Die Verfassung der Mitte.* 2016. 70 S.

102 David E. Wellbery: *Goethes »Faust I«. Reflexion der tragischen Form.* 2016. 102 S.

103 Peter Schäfer: *Jüdische Polemik gegen Jesus und das Christentum. Die Entstehung eines jüdischen Gegenevangeliums.* 2017. 80 S.

104 Michael Jaeger: *Goethe, Faust und der Wanderer. Lebensbruchstücke, Tragödienfragmente.* 2017. 96 S. mit 19 Abb.

105 Christian Waldhoff: *Das andere Grundgesetz. Gedanken über Verfassungskultur.* 2019. 82 S.

106 Ernst Osterkamp: *Felix Dahn oder Der Professor als Held.* 2019. 140 S. mit 1 Abb.

107 Karlheinz Lüdeking: *Versuchung und Versagung in den Landschaften von Claude Lorrain.* 2020. 106 S. mit 44 Abb. und 4 Farbtafeln.

108 Horst Bredekamp: *Bild, Recht, Zeit. Ein Plädoyer für die Neugewinnung von Distanz.* 2021. 78 S. mit 21 Abb.

109 Frank Fehrenbach: *Giotto und die Physiker. Dynamik des Bildes um 1300.* 2023. 94 S. mit 20 Abb.

110 Ulrich Johannes Schneider: *Andrew Carnegies Bibliotheken. Über Moderne und Öffentlichkeit.* 2024. 110 S. mit 15 Abb.

Außerhalb der Reihe sind erschienen:

1985 – 1995 Carl Friedrich von Siemens Stiftung – Zehnjahresbericht. 1996. 2. Auflage 1999. 144 S. mit 81 Abbildungen.

1995 – 2005 Carl Friedrich von Siemens Stiftung – Zehnjahresbericht. 2005. 174 S. mit 117 Abbildungen.

2005 – 2020 Carl Friedrich von Siemens Stiftung – Fünfzehnjahresbericht. 2020. 224 S. mit 190 Farbabbildungen.

Notiz zur Zitierweise

Ulrich Johannes Schneider:
Andrew Carnegies Bibliotheken.
Über Moderne und Öffentlichkeit.
München: Carl Friedrich von Siemens Stiftung, 2024
(Reihe »Themen«, Bd. 110).

ISBN 978-3-938593-39-4

Carl Friedrich von Siemens Stiftung
Südliches Schlossrondell 23
80638 München

© 2024 Carl Friedrich von Siemens Stiftung, München
Umschlag: Kunst oder Reklame, München
Layout und Herstellung: Rainer Wiedemann
Druck: Mayr Miesbach GmbH

Erscheint am 19. September 2024

Jörg Baberowski
DER STERBLICHE GOTT
Macht und Herrschaft
im Zarenreich
2024, rund 1.400 Seiten
ISBN 978-3-406-71420-7

Seit jeher inszenierten sich Russlands Herrscher als allmächtige Autokraten, die ihr Land mit eiserner Faust regierten. In Wahrheit aber war diese Inszenierung nur eine Fassade, hinter der sich die Schwäche des Staates verbergen konnte. Das zarische Vielvölkerimperium war ein fragiles Gebilde, das im Modus der Improvisation beherrscht wurde, seit Peter I. es nach Westen geöffnet hatte. Wie aber gelang es den Zaren und ihrer Bürokratie, ein multiethnisches, schwach integriertes Imperium über zwei Jahrhunderte erfolgreich zusammenzuhalten? Jörg Baberowski erzählt Russlands Geschichte aus der Perspektive der Herrschaft und ihrer Zwänge. Wer verstehen will, was Macht und Herrschaft sind und warum sie in Russland andere Formen annahmen als im Westen Europas, der findet Antworten in diesem glänzend geschriebenen Buch.

In der »Edition der Carl Friedrich von Siemens Stiftung« im Verlag C.H.Beck erscheinen herausragende Studien, die im Rahmen des Fellowship-Programms der Stiftung entstanden sind.

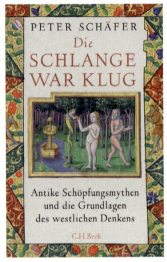

Dieter Grimm
DIE HISTORIKER UND
DIE VERFASSUNG
Ein Beitrag zur Wirkungsgeschichte des Grundgesetzes
2022, 358 Seiten
ISBN 978-3-406-78462-0

Die Geschichte der Bundesrepublik ist maßgeblich vom Grundgesetz und der Rechtsprechung des Bundesverfassungsgerichts geprägt worden. In den Darstellungen der Historiker kommt das jedoch nur unvollkommen zum Ausdruck. Dieter Grimm, selbst von 1987 bis 1999 Richter am Bundesverfassungsgericht, trägt mit *Die Historiker und die Verfassung* zu einer Wirkungsgeschichte des Grundgesetzes bei, die bisher fehlt.

Peter Schäfer
DIE SCHLANGE
WAR KLUG
Antike Schöpfungsmythen und die Grundlagen des westlichen Denkens
2022, 448 Seiten
ISBN 978-3-406-79042-3

In antiken Erzählungen vom Ursprung verdichten sich Welt- und Menschenbilder, die das westliche Denken bis heute prägen. Der renommierte Judaist Peter Schäfer vergleicht biblische und altorientalische, platonische und epikureische, jüdische und christliche Vorstellungen von der Entstehung der Welt und des Menschen. Dabei zeigt sich, dass Sündenfall und Erbsünde christliche Erfindungen sind, während die jüdische Tradition im Sinne der Bibel zu der Erkenntnis kommt: Die Schlange war klug, der Mensch ist frei.